Les bleus

collection dirigée par **Fabien Fichaux**

Comprendre et interpréter un bilan comptable

Paul-Jacques Lehmann

Professeur émérite à l'université de Rouen

ellipses

la collection

dirigée par **Fabien Fichaux**

- *Premiers pas en comptabilité générale*, Jean-Guy Degos, Stéphane Ouvrard
- *Premiers pas en culture générale*, Philippe Solal
- *Premiers pas en économie*, Matthieu Grandclaude
- *Premiers pas en géopolitique*, Guillaume Lagane
- *Premiers pas dans l'histoire de France*, Christophe Verneuil
- *Premiers pas dans l'histoire du XXe siècle*, Christophe Verneuil

ISBN 9782340-003491
©Ellipses Édition Marketing S.A., 2015
32, rue Bargue 75740 Paris cedex 15

www.editions-ellipses.fr

Sommaire

Introduction

Nous vivons à une époque où le rôle des entreprises dans la croissance de la richesse et dans la cohésion sociale d'un pays et les questions financières retiennent de plus en plus l'attention de la part tant de chaque citoyen que des acteurs engagés dans la vie publique au sens large (politique, économique, sociale). Il semble donc important de lier ces deux questions afin de donner à chaque individu qui désire porter un jugement sur l'environnement dans lequel il vit les clefs lui permettant tout à la fois d'apprécier la situation de tous les agents producteurs, d'en mesurer les forces et les faiblesses, donc d'en prévoir la pérennité et la contribution au développement économique futur de la nation, et d'en anticiper les risques aussi bien pour ces personnes et les institutions qui traitent avec elles que pour la communauté nationale dans son ensemble.

De nombreuses méthodes et procédures sont disponibles pour parvenir à cette connaissance. Certaines sont qualitatives, d'autres en relation avec des enquêtes sectorielles ou macro-économiques, d'autres encore font appel à des calculs sophistiqués, économétriques ou probabilistes. Notre propos, dans cet ouvrage, est à la fois plus simple et plus complexe. Plus simple car il repose sur des données passées, chiffrées, indiscutables puisque répondant à des normes précises, intéressant chaque entreprise prise individuellement. Mais aussi plus complexe dans la mesure où les éléments pris en considération ne reflètent pas forcément une réalité économique et où l'interprétation que l'on peut tirer des éléments privilégiés est, souvent, sujette à controverse.

En effet, toutes les opérations monétaires effectuées par une entreprise doivent obligatoirement donner lieu à des enregistrements par l'intermédiaire d'une technique, la comptabilité, régie de manière homogène et stricte par les pouvoirs publics qui utilisent les informations recensées comme instruments à la fois de preuves en cas de conflit et de détermination des impôts dont chaque acteur économique est redevable. Toute personne intéressée par la vie de l'entreprise se doit donc de comprendre les enjeux, les principes et le fonctionnement de la comptabilité française. En effet, savoir lire le bilan, le compte de résultat et l'annexe qui composent la liasse fiscale que toute entreprise doit remplir et déposer auprès de l'administration fiscale et du greffe du Tribunal de commerce, constitue la première étape de la connaissance de cette entité, indispensable pour toute personne voulant la diriger ou en comprendre la situation afin de nouer des relations commerciales avec elle.

Si l'on désire aller plus loin dans cette compréhension, il faut entrer dans les détails des principaux éléments composant les grandes masses de ces documents officiels, ce qui permet d'appréhender les moyens grâce auxquels l'entreprise a financé ses opérations, à long terme, ses investissements et, à court terme, son exploitation.

Cependant, ces documents normés, à but principalement fiscal, ne donnent pas une image véritablement économique de l'entreprise. Il s'avère donc nécessaire de voir comment l'on peut passer de cette présentation partielle à une présentation financière, conduisant à une perception plus proche de la réalité en éliminant les contraintes réglementaires et trop générales dans leur application.

Les résultats alors obtenus permettent de présenter les grands équilibres financiers que doit respecter toute entreprise et d'envisager les différentes mesures de sa rentabilité afin d'en déduire sa valeur.

C'est à ces différents objectifs qu'est consacré cet ouvrage. Ne nécessitant aucun prérequis en termes comptables, il ne se veut surtout pas technique (par exemple, aucune référence aux termes qui rebutent tant de personnes de « débit » et de « crédit », n'est faite, aucune écriture n'est présentée, les calculs arithmétiques se limitent aux quatre opérations de base, addition, soustraction, parfois multiplication et division). Grâce à un langage simple, il s'efforce de donner au lecteur la formation essentielle pour apprécier la situation financière d'une entreprise. Une bibliographie est fournie pour ceux qui souhaitent approfondir certains points particuliers et se familiariser vraiment avec la technique comptable.

➤ Chapitre 1
La comptabilité française

Ce que vous allez apprendre

- L'histoire et l'évolution de la comptabilité
- Les objectifs de la comptabilité d'une entreprise
- Les limites de la comptabilité et les autres outils de gestion qui permettent de la compléter
- Les principes comptables et leurs conséquences, en particulier sur l'appréciation de la valeur de l'entreprise
- Les différences fondamentales entre une comptabilité d'engagements et une comptabilité exclusivement monétaire et, donc, entre le résultat comptable et le résultat monétaire

La comptabilité est apparue dès que les hommes ont assuré des transactions et éprouvé le besoin d'en apprécier quantitativement les résultats. Les premiers documents comptables en notre possession remontent à la civilisation sumérienne, environ 3 600 ans avant Jésus-Christ, sous forme de « tablettes d'inventaires » en argile qui permettent d'avoir une idée des biens détenus par les habitants. Quant aux premières traces écrites de tenue des comptes, on les trouve en Égypte lorsque les scribes notent les opérations d'échange sur du papyrus. Par la suite, chez les Grecs, la comptabilité est liée à la religion (elle permet de recenser les offrandes faites aux dieux) et au commerce (elle enregistre les transactions à mesure qu'elles interviennent et tient compte de l'invention des règlements par virements de compte à compte qui réduisent les transferts d'argent et les risques qui les accompagnent).

Au fil du temps, la comptabilité évolue parallèlement au développement des activités commerciales, à la sophistication des modalités de paiement et à l'amélioration du droit des affaires. C'est au XIVe siècle qu'apparaît, à Gênes, une nouvelle technique, toujours appliquée à l'heure actuelle en France, qui va révolutionner la comptabilité, la partie double qui consiste à enregistrer toutes les opérations sous les deux formes qu'elles revêtent : une ou plusieurs ressource(s) conduisant à un ou plusieurs emploi(s) de montant(s) strictement égal(aux). Alors que jusqu'à cette époque, la comptabilité ne s'intéresse qu'aux flux entre commerçants, laissant de côté la mesure de leur richesse, la conséquence technique de l'utilisation de la partie double est de multiplier les comptes utilisés : capitaux engagés, éléments possédés, créances, dettes, trésorerie…, donnant la possibilité à chaque commerçant ou banquier de mieux connaître la situation de son co-contractant.

Il n'est pas étonnant que ce soit en Italie que survienne cette innovation, pays où le capitalisme connaît un essor considérable, grâce à l'extension de ses activités commerciales, terrestres et maritimes, et bancaires, dans les grandes villes du nord du pays. D'ailleurs, c'est encore à Venise, en 1494, que sont présentés, par le mathématicien et moine franciscain Luca Paciolo, les principes devant régir toute comptabilité, en même temps qu'est systématisé le premier véritable droit des affaires, dans un ouvrage traitant d'arithmétique. Se trouvent, alors, proposés : les différentes techniques d'enregistrement aussi bien chronologique qu'analytique, les méthodes d'ouverture, de clôture, de vérification des livres et des comptes, les calculs de détermination du résultat… En France, il faut attendre l'ordonnance de 1673 de Colbert qui rend obligatoire et réglemente la tenue des comptes pour que les entreprises accordent sa véritable place à la comptabilité.

Par la suite, la technique comptable connaît des améliorations qui sont essentiellement fonction des besoins d'informations de ses utilisateurs. Les changements les plus notables concernent l'organisation comptable et le remplacement de la tenue manuelle par une tenue informatisée, l'élargissement des informations que nécessite la gestion moderne conduisant à des analyses extracomptables de plus en plus poussées à partir des documents officiels, le contrôle par des organismes extérieurs à l'entreprise pour que les destinataires de ces documents soient certains que les renseignements fournis sont fiables.

Éclairage

Ce sont les commerçants qui ont été les premiers à éprouver les besoins de tenir des comptes. Au fil du temps, la comptabilité est devenue de plus en plus normée et réglementée. Aujourd'hui, la base première de la comptabilité est fiscale : elle sert à fixer l'assiette de l'impôt dont est redevable toute entreprise.

I. OBJECTIFS ET LIMITES DE LA COMPTABILITÉ

Le monde économique se caractérise par la recherche d'informations de plus en plus nombreuses. Tous les agents économiques tiennent des comptes de leurs activités car ils ont besoin, pour eux-mêmes ou pour ceux avec lesquels ils ont des relations commerciales ou financières, de connaître à tout instant leur situation. Il en est ainsi d'un individu, d'un foyer (ménage dans le langage économique officiel), d'une entreprise, d'une association, de l'État. Chacune de ces personnes ou de ces institutions a des objectifs et des contraintes spécifiques. En conséquence, sa comptabilité répond à des caractéristiques qui lui sont propres. Par exemple, l'individu, le foyer, l'association cherchent surtout à connaître l'état de leur trésorerie. Aussi leur comptabilité se réduit-elle au simple enregistrement de leurs encaissements (recettes) et de leurs décaissements (dépenses). Cette « comptabilité de caisse » leur permet de déterminer, à tout moment, le montant de leur trésorerie ou de leur découvert. L'État, de son côté, a la volonté d'établir la richesse créée chaque année dans le pays. Pour ce faire, il utilise une forme de comptabilité particulière, la comptabilité nationale, dont la caractéristique est de ne pas être en mesure de connaître, donc d'enregistrer, les opérations prises individuellement : elle ne peut procéder qu'à des enregistrements globaux regroupés par nature (production, consommation, épargne, investissements, exportations, importations), en fonction des informations fournies par tous les acteurs en relations avec l'économie nationale. En classant ces acteurs en secteurs institutionnels plus ou moins larges, elle calcule des « agrégats » qui sont autant d'indicateurs communs à tous les pays.

Quant à l'entreprise, objet de cet ouvrage, il lui faut fournir des informations sur sa valeur et ses résultats, afin que l'ensemble de ses partenaires, internes (propriétaires, salariés) ou externes (fournisseurs, clients, prêteurs, État, organismes sociaux...), puisse en apprécier la gestion passée et en anticiper l'évolution. Parmi toutes les techniques disponibles pour saisir, chacune dans son domaine, les données nécessaires, figure la comptabilité qui, en raison de sa capacité de servir de moyen de preuve, doit être considérée comme une branche du droit. Sa mission est d'informer, en termes monétaires, sur toutes les activités économiques effectuées par une entreprise avec les tiers. Elle s'exerce en quatre étapes : la collecte, le recensement, le classement et l'enregistrement de ces opérations, envisagées d'un point de vue quantitatif. Comme toutes les techniques, la comptabilité utilise une méthode et un langage particuliers que nous allons apprendre à maîtriser à mesure que nous allons progresser.

astuce

Un index reprenant les définitions des mots et des expressions spécialisés les plus utilisés par les comptables et les financiers se trouve à la fin de ce livre.

Bien qu'indispensable (et, de toute façon, obligatoire), la comptabilité présente des limites qui ont nécessité la création d'autres outils de gestion. D'abord, elle ne s'intéresse qu'aux relations avec les tiers et non aux activités qui se déroulent en son sein. Par exemple, elle n'enregistre pas les déplacements des matières premières ou des produits fabriqués d'un atelier à un autre ou d'un hangar à un autre. Ensuite, elle ne s'exprime qu'en valeurs monétaires, et pas en valeurs physiques. Ainsi, elle ne considère jamais des kilos, des litres ou des mètres, mais seulement des euros. Enfin, elle ne prend en compte que des opérations passées, jamais des opérations futures, ne faisant, de plus, que les constater, sans jamais les interpréter.

Éclairage

Si la comptabilité traite l'information passée, elle ne l'interprète pas et ne permet pas de faire directement des anticipations concernant la gestion de l'entreprise. Elle nécessite donc d'être complétée par d'autres analyses, comme la gestion financière qui permet de parvenir à une interprétation financière des documents comptables, objet de cet ouvrage.

ATTENTION !

La comptabilité française est toujours exprimée en euros. Les opérations menées dans une autre monnaie doivent être converties dans la monnaie européenne, ce qui nécessite parfois des ajustements délicats (voir chapitre 8).

Pour remédier à tous les inconvénients que recèle la comptabilité, ont donc été approfondies, au fil du temps, quatre autres techniques, non obligatoires, mais que toute entreprise doit faire l'effort d'appliquer à partir du moment où elle cherche à conduire sa gestion de la manière la plus efficace possible à partir d'outils performants :

– la comptabilité analytique qui permet de suivre ce qui s'est passé à l'intérieur de l'entreprise, de déterminer et d'analyser le coût de revient de chaque produit ou chaque service qu'elle vend afin d'en fixer le prix de vente de manière rationnelle, d'expliquer comment le résultat comptable s'est formé et de raisonner en termes physiques et non seulement en termes monétaires ;
– la gestion budgétaire dont l'objectif est de prévoir, aussi bien en termes physiques qu'en termes monétaires, toutes les activités futures de l'entreprise ;
– l'analyse financière qui explique les causes et les conséquences monétaires des opérations réalisées ;
– la gestion financière qui permet de déterminer les besoins monétaires futurs, tant à court terme (gestion de la trésorerie pour son exploitation courante) qu'à long terme (gestion des fonds propres et empruntés pour ses investissements).

La comptabilité analytique et la gestion budgétaire ne seront pas étudiées dans ce livre. En revanche, une fois que nous aurons expliqué en détail la teneur des documents comptables, nous aborderons les principaux éléments constituant l'analyse et la gestion financières.

II. LES GRANDS PRINCIPES DE LA COMPTABILITÉ FRANÇAISE ET LEUR CONTRÔLE

Devant permettre à n'importe quel tiers en contact avec n'importe quel type entreprise d'en apprécier rapidement, facilement et avec certitude la situation, la comptabilité est régie par des règles uniformisées, répondant à des principes de précision, de rigueur, de sincérité, d'adaptabilité. La pérennité des normes comptables favorise également les comparaisons dans le temps et dans l'espace de toutes les entreprises d'un pays et de chacune d'entre elles. Nous nous intéresserons ici aux normes françaises qui sont de plus en plus dépendantes de normes européennes et même mondiales, en raison

Éclairage

Les entreprises doivent respecter un certain nombre de règles, traduction des principes que la législation comptable impose. Pour la France, ces principes sont édictés par l'Autorité des Normes Comptables, sous la forme du Plan Comptable Général.

de la tendance à l'harmonisation de l'ensemble des comptabilités nationales, même si des divergences demeurent encore.

ATTENTION !

La comptabilité ne doit être considérée que par rapport à ce qu'elle peut fournir comme information. Ainsi, ses principes, divers et nombreux, de nature nettement fiscale, empêchent de constater la situation d'une entreprise d'un point de vue purement économique. Des retraitements et des ajustements sont donc nécessaires pour parvenir à l'appréciation financière plus proche de la réalité.

Les principes les plus importants que doivent respecter les entreprises françaises sont :

– le principe de régularité, c'est-à-dire de « conformité aux règles et procédures en vigueur », gage de qualité, de fiabilité et de comparabilité de l'information fournie ;

– le principe de sincérité qui consiste en « l'application de bonne foi des règles et procédures en fonction de la connaissance que les responsables des comptes doivent normalement avoir de la réalité et de l'importance des opérations, événements et situations » ;

– le principe de prudence qui entraîne « l'application raisonnable des faits afin d'éviter le risque de transfert sur l'avenir d'incertitudes présentes susceptibles de grever le patrimoine et les résultats de l'entreprise ». Il s'agit d'une règle particulièrement importante et fréquente dans le traitement comptable et qui entraîne des conséquences majeures pour l'appréciation financière de la situation et de la valeur d'une entreprise. Elle conduit à tenir compte des moins-values potentielles (dépréciations et pertes probables) non réalisées et à ne pas tenir compte des plus-values potentielles (profits probables) non effectives. Ainsi, en cas d'une perte simplement probable (« latente »), l'élément concerné est évalué au coût historique (voir, ci-dessous, le principe du nominalisme) diminué de la perte potentielle probable. En revanche, s'il s'agit d'un profit seulement probable, l'élément est évalué à son coût historique parce que les pouvoirs publics veulent éviter que les entreprises versent des dividendes sur des profits en réalité incertains et attirent les capitaux d'épargnants en présentant des résultats flatteurs à partir d'anticipations plus ou moins fiables. Ainsi, alors que la perte est enregistrée dès sa prévision, permettant de réduire l'impôt de l'année et les dividendes distribués, le profit ne sera pris en compte que lorsqu'il sera effectivement réalisé, ce qui permet de reporter à ce moment-là le paiement de l'impôt sur la plus-value et le versement des dividendes. Cependant, il faut être conscient que l'économie d'impôt constatée dans le cas d'une perte latente n'est, en réalité, qu'une anticipation qui se substitue à la déduction d'impôt dont l'entreprise aurait bénéficié, plus tard, au moment de la constatation de la moins-value effective ;

ATTENTION !

En raison du principe de prudence, la situation financière d'une entreprise présentée dans son bilan est toujours minorée, ce qui nécessite un retraitement des éléments du bilan bénéficiant de plus-values potentielles, donc non enregistrées, si l'on souhaite avoir la véritable valeur de cette entreprise (voir chapitre 10).

– le principe de fidélité qui synthétise les trois règles précédentes : « à l'effet de présenter des états reflétant une "image fidèle" de la situation et des opérations de l'entreprise, la comptabilité doit satisfaire dans le respect de la règle de prudence aux obligations de régularité et sincérité ». Seuls des événements exceptionnels modifiant la situation de l'entreprise ou une méthode fournissant de meilleures informations autorisent de déroger à ce principe ;
– le principe de fixité ou de permanence des méthodes qui signifie que « la cohérence des informations comptables au cours des périodes successives implique la permanence dans l'application des règles et procédures. Toute exception à ce principe doit être justifiée par la recherche d'une meilleure information ». Ainsi, une entreprise doit utiliser tous les ans, sauf cas exceptionnels dûment signalés provenant de changements importants dans sa vie, les mêmes méthodes d'évaluation de son patrimoine. Ce principe a pour objectif de fournir des informations comparables dans le temps ;
– le principe de bonne information qui nécessite que « les informations comptables doivent donner à leurs utilisateurs une description adéquate, loyale, claire, précise et complète des opérations, événements et situations » ;
– le principe de non-compensation qui fait que, « d'une manière générale, toute compensation au niveau de la présentation des postes est interdite ». Ce principe implique que l'on n'a pas le droit de compenser des opérations intéressant un même tiers si ces opérations ne relèvent pas de la même cause. Par exemple, une dette envers un fournisseur sur un achat ne peut être compensée par une créance sur ce même fournisseur provenant d'une avance qu'il a versée sur un autre achat. De même, une créance envers un client sur une vente ne peut être compensée par une dette sur ce même client provenant d'une avance versée par ce client sur une autre vente ;

– le principe de l'importance relative qui oblige l'entreprise à fournir, au-delà des documents comptables « toute production des éléments d'information pour autant qu'ils ont une importance significative par rapport aux données des autres comptes annuels » ;
– le principe de continuité de l'exploitation qui signifie que les documents comptables doivent être établis en faisant l'hypothèse que l'entreprise poursuivra comme elle en a l'habitude son activité. Cette règle assure les tiers que les procédures d'évaluation sont pérennes. Dans l'hypothèse où les méthodes utilisées ont été modifiées pour tenir compte d'événements exceptionnels, comme une mise en sommeil ou une décision de règlement judiciaire, l'information doit être clairement fournie (voir ci-dessus le principe de permanence des méthodes) ;
– le principe de spécialisation ou d'indépendance de chaque période comptable qui permet de déterminer un résultat, sauf exceptions, par année, grâce à la répartition des engagements conduisant à des profits et à des pertes sur l'année sur laquelle ils s'appliquent. Découlant du principe de continuité de l'exploitation, cette règle provient de deux constatations : si la vie de l'entreprise est continue, sur une longue période, la comptabilité impose, pour des raisons fiscales (s'acquitter de l'impôt de manière régulière) et un besoin d'informations fréquentes, de découper cette vie en périodes annuelles. L'indépendance des périodes comptables implique que les résultats d'une année ne doivent tenir compte que des éléments de cette période, mais de tous les éléments de cette période, ce qui nécessite des enregistrements comptables particuliers que nous expliquerons lorsque nous verrons les éléments concernés du bilan (voir chapitre 7). Ce principe requiert des opérations longues et complexes et explique pourquoi les entreprises disposent de trois mois pour « clôturer » leurs comptes annuels ;
– le principe du nominalisme ou de la stabilité de l'unité monétaire qui implique que c'est la valeur nominale de la monnaie qui sert de référence pour l'évaluation des biens de l'entreprise, sans tenir compte des variations du pouvoir d'achat de la monnaie. Il s'agit d'un inconvénient majeur lorsque la hausse des prix est importante. En effet, la comptabilité est tenue uniquement en « euros courants », c'est-à-dire à la valeur en euros affichée au moment où les opérations sont réalisées, et non en « euros constants », c'est-à-dire à une valeur en euros rapportée à une date de référence. Il s'ensuit que le résultat d'une année doit être interprété avec précaution. En effet, un bien acheté 100 euros le 1er janvier et revendu 103 euros le 31 décembre entraîne un profit apparent de 3 euros alors que si la hausse des prix a été de 5 % au cours de cette année, le résultat est, en réalité, une perte de 2 euros. Il n'en reste pas moins qu'en

raison du principe du nominalisme, la valeur la plus sûre d'un bien est celle du jour où il entre dans l'entreprise. Cette « valeur historique » correspond au coût d'acquisition du bien (prix d'achat plus frais d'acquisition) s'il a été acheté, à son coût de production s'il a été fabriqué par l'entreprise elle-même, à sa valeur vénale (prix de vente) s'il lui a été donné à titre gratuit. Comme on l'a déjà vu, le principe de prudence exige que si le bien a subi une dépréciation potentielle au cours d'une année, celle-ci viendra en déduction du coût historique, tandis que s'il connaît une plus-value potentielle, il sera toujours évalué à ce coût historique.

ATTENTION !

L'utilisation de la valeur historique souffre d'une exception, quand l'entreprise réévalue les éléments dont elle est propriétaire. Le procédé de la réévaluation consiste à tenir compte de la dépréciation monétaire à laquelle conduit la hausse des prix pour fixer la valeur de ces biens. En raison de ses conséquences fiscales, la procédure de la réévaluation n'est utilisée que rarement, par exemple lorsqu'une cession de l'entreprise est envisagée. En effet, en cas de réévaluation, l'impôt sur les plus-values doit être réglé dès l'enregistrement de ces dernières, ce qui évite au repreneur de le payer lui-même (voir annexes 12 et 14 de la liasse fiscale).

Dans les nouvelles normes internationales applicables aux très grandes entreprises, on substitue au principe du nominalisme le principe de la « juste valeur » (*fair value*), définie comme « le prix auquel un bien pourrait être échangé entre deux parties compétentes n'ayant aucun lien de dépendance et agissant en toute liberté », donc de la valeur du bien sur un marché ou sa valeur d'utilité.

Ces principes comptables sont devenus des règles, fixées par le législateur et reprises par des organismes professionnels. En France, c'est le code de commerce qui est à l'origine de la réglementation comptable et en détermine les conditions de mise en œuvre. Longtemps, ces règles ont été appliquées de manière libre. Est, ensuite, apparue la nécessité de normaliser la pratique comptable : en 1947 a été publié par le Conseil National de la Comptabilité le Plan Comptable Général (PCG) qui s'impose dorénavant à chaque entreprise. Le PCG a connu

Éclairage

Tous les principes comptables font l'objet de contrôles par des autorités compétentes, nationales (en France, l'Autorité des Normes Comptables, aux États-Unis, le Financial Accounting Standards Board FASB) ou internationales (comme l'International Accounting Standards Committee IASC).

plusieurs révisions globales : 1957, 1984, 1999. C'est le résultat de cette dernière refonte qui servira de cadre à cet ouvrage.

Le Plan comptable est obligatoirement appliqué par les entreprises industrielles et commerciales et toutes les entités soumises à la publication de comptes annuels. Certains secteurs et certaines professions sont soumis à des Plans particuliers qui prennent en compte leurs spécificités (par exemple, les entreprises du secteur public, les établissements de crédit, les sociétés d'assurance, les coopératives agricoles, les sociétés concessionnaires d'autoroutes...).

Le Plan Comptable n'est pas figé. Il est, en permanence, complété et amendé par des avis de l'Autorité des Normes Comptables qui, en 2009, a remplacé le Conseil National de la Comptabilité (le pendant du Financial Accounting Standards Board FASB américain), avis approuvés par le Comité de Réglementation Comptable et qui reprennent des décisions jurisprudentielles et doctrinales. L'Autorité des Marchés Financiers publie également des avis pour les sociétés cotées en bourse.

Au niveau international, deux organismes fixent des règles comptables : la Commission européenne qui établit des directives et le Comité des normes comptables internationales (International Accounting Standards Committee IASC) dont l'une des commissions, le Board, est chargée d'instaurer une harmonisation internationale de ces règles et de l'information financière. Elle impose, depuis le 1er janvier 2005, l'application des « normes IFRS » (International Financial Reporting Standards) à toutes les sociétés cotées. L'Autorité des Normes Comptables s'inspire de ces normes pour faire évoluer le PCG.

Dans les entreprises, la surveillance de l'application des normes du Plan Comptable Général est assurée par les commissaires aux comptes. La présence de ces derniers, regroupés au sein d'une Compagnie nationale, est obligatoire dans certaines sociétés qui les choisissent et les rémunèrent. Chargés de la révision légale de la comptabilité, les commissaires aux comptes sont les garants de la régularité, de la sincérité et de l'image fidèle que donnent les comptes annuels qu'ils certifient. Outre ces comptes qui doivent être mis à leur disposition au moins un mois avant la convocation de l'assemblée générale des associés, ils sont habilités à consulter toutes les pièces et à recueillir toutes les informations qu'ils jugent utiles à leur mission. En cas de constatation d'irrégularités, ils peuvent demander des explications aux dirigeants. En certaines occasions, ils certifieront les comptes avec réserves ou, même, refuseront de les certifier s'ils estiment que la réalité de la situation de la société n'est pas conforme à l'image présentée par les comptes. S'ils découvrent des faits délictueux, en particulier fiscaux, ils doivent saisir le procureur de la République. Les commissaires aux comptes vérifient, donc, la tenue de la comptabilité effectuée soit de manière interne, par les comptables salariés de l'entreprise, soit de manière externe, par des experts comptables indépendants dont le métier, exercé sous la forme de profession libérale, est régi par un Ordre.

III. COMPTABILITÉ D'ENGAGEMENTS *VERSUS* COMPTABILITÉ RECETTES – DÉPENSES ET DIFFÉRENCE FONDAMENTALE ENTRE RÉSULTAT COMPTABLE ET RÉSULTAT MONÉTAIRE

On a déjà signalé que la comptabilité n'enregistre que des flux monétaires, donc que des opérations appréciées en euros qu'une entreprise a nouées avec des tiers, qu'elles proviennent d'échanges réalisés en termes exclusivement monétaires (par exemple un emprunt) ou en termes physiques (par exemple une vente de marchandises) qui donnent lieu à un paiement. Les flux enregistrés trouvent leur origine dans les pièces comptables envoyées par les tiers ou par l'entreprise considérée et qui vont donner lieu à un règlement (donc une facture, mais pas un bon de commande). L'existence de ces pièces comptables est indispensable car celles-ci constituent la preuve des opérations et de l'enregistrement en comptabilité.

Mais la comptabilisation ne se fait pas simplement, comme pour un particulier, au moment de l'encaissement ou du décaissement. En effet, elle intervient également lorsque l'opération est engagée : la comptabilité d'une entreprise ne consiste pas seulement dans le recensement des recettes et des dépenses, mais aussi dans celui de toutes les opérations qui conduisent immédiatement ou qui conduiront plus tard, à des recettes ou des dépenses. Deux raisons fiscales expliquent cette contrainte : d'une part, le calcul et le paiement de l'impôt sont annuels et nécessitent de diviser l'activité continue de l'entreprise en périodes discontinues annuelles (les exercices comptables) ; d'autre part, l'assiette de l'impôt (le montant sur lequel porte le taux de l'imposition) n'est

Éclairage

La comptabilité d'une entreprise ne se limite pas, comme celle d'un individu, à l'enregistrement de ses recettes et de ses dépenses. Pour des raisons fiscales, elle nécessite la prise en compte, au moment de leur constatation par un document prouvant leur existence, de toutes les opérations qui se concluent par un paiement immédiat ou qui se concluront par un paiement futur. Une entreprise peut avoir sur ses comptes en banque et en espèces plus d'argent à sa disposition à la fin d'une année qu'au début et, cependant, supporter une perte comptable. Inversement, elle peut avoir moins d'argent à la fin d'une année qu'au début et constater un profit comptable, donc être redevable d'un impôt. Il ne faut donc jamais confondre résultat comptable et résultat monétaire.

pas le résultat monétaire, mais le résultat comptable, différence entre les engagements générant des profits et les engagements conduisant à des pertes. Si, comme jadis, le résultat était calculé une seule fois, à la fin de la vie de l'entreprise, parfois au bout de plusieurs années d'existence (par exemple, dans le cas d'une entreprise créée pour une expédition maritime), il n'y aurait pas de différence entre le résultat monétaire et le résultat comptable. Mais comme l'impôt doit être payé chaque année, le résultat comptable doit, lui aussi, être, désormais, calculé chaque année, ce qui implique qu'il diffère, nécessairement, du résultat monétaire.

astuce

L'année comptable s'appelle l'exercice comptable.

Éclairage

Le résultat monétaire d'une année est appelé capacité d'autofinancement (CAF). La CAF ne doit pas être confondue avec l'autofinancement qui correspond à l'épargne totale que l'entreprise a constituée depuis sa création.

Les différences entre le résultat comptable (profits dégagés moins pertes engagées au cours d'un exercice) et le résultat monétaire (recettes moins dépenses d'un exercice), s'expliquent par trois raisons :

– certaines opérations se déroulent « à cheval » sur deux années : elles peuvent être engagées en décembre de l'année N (donc entrant dans le résultat comptable de N, mais pas dans le résultat monétaire de N) et payées en janvier de l'année N + 1 (donc entrant dans le résultat monétaire de N + 1, mais pas dans le résultat comptable de N + 1) ou, inversement, payées par avance en décembre de l'année N (donc entrant dans le résultat monétaire de N, mais pas dans le résultat comptable de N), mais afférentes à l'année N + 1 (donc entrant dans le résultat comptable de N + 1, mais pas dans le résultat monétaire de N + 1) ;

– certaines opérations peuvent avoir donné lieu à un paiement au cours de l'année N, tout en ne constituant pas des pertes ou des profits, mais seulement une augmentation du patrimoine de l'entreprise, par exemple l'achat d'une machine (donc entrant dans le résultat monétaire de N, mais en aucune façon dans le résultat comptable de N) ;

– certaines opérations entraînent des pertes ou des profits étalés sur plusieurs années ultérieures, (N + 1, N + 2...), mais sans jamais aucun déboursement ou aucune réception d'argent (donc entrant dans le résultat comptable de N + 1, N + 2..., mais jamais dans le résultat monétaire de N + 1, N + 2...). Ces pertes et ces profits sont dits « purement comptables » ou « calculés » (voir chapitre 7).

Chapitre 2
Le bilan

Ce que vous allez apprendre

- À quoi sert un bilan ?
- Comment est-il composé de manière globale ?
- Les définitions juridiques et économiques d'un bilan
- Ce que l'on trouve à l'actif et au passif d'un bilan
- L'impossibilité absolue d'obtenir un bilan déséquilibré
- La signification de la comptabilité en partie double
- Ce que contient le Plan Comptable Général (PCG)
- La signification du « Hors-Bilan »

L'enregistrement des flux monétaires d'une entreprise s'effectue dans l'optique de connaître sa situation, c'est-à-dire d'évaluer son patrimoine. L'un des attributs de tout individu est son patrimoine, mesuré par la différence entre ce qu'il a (ce dont il est propriétaire) et ce qu'il doit. À partir du moment où une entreprise dispose d'une personnalité propre, c'est-à-dire est définie comme une « personne morale », elle détient également un patrimoine, ce qui n'est pas le cas d'un établissement (usine, local, agence...) dont le patrimoine est intégré dans celui de l'entreprise dont il dépend. Pour les entreprises qui ont la personnalité morale, les sociétés, la séparation du patrimoine des propriétaires et du patrimoine de l'entreprise est facile à effectuer. En revanche, pour les entreprises dites individuelles, dans lesquelles une personne a distrait une partie de son patrimoine personnel pour un usage professionnel, le partage entre les deux patrimoines est beaucoup plus délicat, ce qui constitue parfois un obstacle pour les enregistrements comptables car ceux-ci doivent concerner exclusivement les flux afférents aux activités professionnelles, à l'exclusion de tous les autres, pourtant réalisés par la même personne.

La situation patrimoniale d'une entreprise apparaît dans le document comptable appelé bilan dont les définitions, soit juridique, soit économique, permettent de comprendre à la fois la forme de ses deux parties, l'actif et le passif, et leur nécessaire équilibre.

I. DÉFINITIONS JURIDIQUE ET ÉCONOMIQUE DU BILAN

Le bilan est défini comme la description, en valeur, à un moment donné, du patrimoine d'une entreprise. Obligation légale est faite à toute entreprise de dresser un bilan par an. Une entreprise est libre d'en établir davantage si elle souhaite connaître régulièrement sa situation. Mais, il ne s'agit alors que de bilans approximatifs et non officiels car dresser un bilan requiert un long travail. Le plus souvent, l'exercice comptable, période qui sépare l'établissement de deux bilans, est de douze mois et correspond à l'année civile, mais rien n'empêche une entreprise, pour des raisons liées à son activité, de choisir, mais alors de conserver pendant plusieurs années, toute autre époque de douze mois. Le bilan se présente sous la forme d'un tableau composé de deux colonnes : à gauche, l'actif, à droite, le passif (voir documents 1 et 2 de la liasse fiscale).

Dans l'approche juridique qui correspond à la présentation légale et traditionnelle, on prend en compte, du côté du passif, la personnalité juridique des individus ou des institutions qui ont fourni à l'entreprise les moyens de financement nécessaires à son fonctionnement et, du côté de l'actif, les éléments matériels, immatériels et financiers qui lui permettent d'exercer son activité et dont elle est propriétaire. En effet, on exclut de cette liste les instruments que l'entreprise possède mais qui ne lui appartiennent pas (par exemple les biens en location ou en crédit-bail, les emballages consignés ou les marchandises en dépôt). Ainsi, le passif est composé de la situation nette de l'entreprise (apports de son ou de ses propriétaire(s) augmentés des profits réalisés et non distribués ou diminués des pertes supportées) et des fonds apportés par des tiers et qui constituent des dettes. Quant à l'actif, il comporte les biens corporels (matériels) et incorporels (droits sans existence tangible), les titres, les créances, les disponibilités dont l'entreprise est propriétaire.

Éclairage

Un bilan peut être expliqué soit par des considérations juridiques (l'actif recense les éléments dont l'entreprise est propriétaire, le passif les apports qui lui ont été faits et ses dettes) soit par des considérations économiques (le passif recense les ressources, l'actif les emplois).

astuce

D'un point de vue juridique, à l'actif d'un bilan, on trouve seulement les éléments dont l'entreprise est propriétaire et non pas ceux qu'elle détient, mais qui ne lui appartiennent pas juridiquement.

Dans l'approche économique, on prend en considération, du côté du passif, les ressources à la disposition de l'entreprise et, du côté de l'actif, les emplois qu'elle en a fait. Ainsi, le passif recense les ressources propres (situation nette) et les ressources empruntées (dettes) et l'actif les emplois permanents (investissements), les emplois cycliques d'exploitation et hors-exploitation (stocks et créances) et les emplois immédiats (trésorerie) de l'entreprise.

Le passif et l'actif recouvrent la même réalité dans les deux approches, mais sont envisagés et classés de deux manières différentes.

astuce

D'un point de vue économique, le passif d'un bilan recense les ressources d'une entreprise, l'actif ses emplois.

II. LE NÉCESSAIRE ÉQUILIBRE DU BILAN

L'équilibre du bilan s'explique :
– dans l'optique juridique, par le fait que tout financement a permis la constitution des moyens d'activité ou par le fait que la constitution des moyens d'activité n'a pu se produire que grâce à un financement préalable ;
– dans l'optique économique par le fait que les ressources ont nécessairement donné naissance à des emplois ou par le fait que les emplois n'ont pu être réalisés que grâce à des ressources préalablement constituées.

Éclairage
Un bilan est nécessairement équilibré : l'actif est obligatoirement égal au passif.

En outre, il est impossible qu'un financement ne soit pas transformé en un moyen d'activité et qu'un moyen d'activité ait été acquis sans financement.

La comptabilité en partie double est la justification de l'impossibilité qu'un bilan déséquilibré puisse exister. En effet, chaque opération entraîne une modification des éléments concernés (et leur enregistrement comptable dans des rubriques adéquates, appelées comptes, voir ci-dessous), mais, en aucun cas, ne provoque une rupture de cet équilibre. Cette conséquence s'explique par la logique qui inspire la tenue de la comptabilité en partie double : toute opération doit être analysée, c'est-à-dire décomposée, sous deux formes différentes exprimant une même réalité, une (ou plusieurs) ressource(s) et un (ou plusieurs) emplois de montants exactement égaux.

astuce
Comme il n'est pas possible d'inscrire dans un bilan tous les comptes utilisés pour relater les activités d'une entreprise, on regroupe ces comptes dans des postes.

On vient de voir que le bilan se présente comme la représentation de la valeur d'un ensemble de ressources ayant donné naissance à un ensemble d'emplois de montant égal. Mais, l'assimilation des ressources au passif et des emplois à l'actif ne s'applique plus lorsque l'on enregistre chaque opération, donc quand les postes du bilan sont modifiés. En effet, la (ou les) ressource(s) correspond(ent) alors à l'(ou aux) origine(s) du flux et l'(ou les) emploi(s) à sa (ou ses) conséquences(s) : ce n'est plus la nature des éléments concernés qui explique la définition

Éclairage
Il ne faut pas confondre la définition statique des emplois et des ressources des postes d'un bilan et la définition dynamique des emplois et ressources de ces postes à l'occasion des emplois qui les concernent.

en tant que ressource ou emploi, mais la nature de l'opération sur laquelle portent ces éléments.

Ainsi, tant la ressource que l'emploi d'un flux peut concerner un poste aussi bien du passif que de l'actif. Par exemple, la dette envers un fournisseur constitue une ressource inscrite au passif du bilan tandis qu'un compte en banque représente un emploi inscrit à l'actif. Mais, quand on envoie un chèque à ce fournisseur, le compte banque est la ressource permettant son emploi pour payer le fournisseur.

L'essentiel est que l'analyse comptable traduise les deux égalités suivantes :
– pour chaque opération : ressources – emplois ;
– pour toutes les opérations d'un exercice : somme des ressources = somme des emplois.

astuce

Afin de s'assurer de l'équilibre de toutes les opérations comptables passées, tant aux niveaux des sommes que des soldes des comptes, l'entreprise dresse un document, non obligatoire, la « balance ».

Éclairage

Comme l'on part d'un bilan équilibré et que toutes les opérations conduisent, elles aussi, à un équilibre, on arrive nécessairement à un bilan équilibré.

Tout flux monétaire qui passe dans l'entreprise peut, et doit, être analysé en ressource(s) et emploi(s), selon l'analyse suivante :

Nature du flux	Influence sur un poste d'actif	Influence sur un poste de passif
Ressource	Diminution	Augmentation
Emploi	Augmentation	Diminution

Les enregistrements comptables qui suivent ces analyses sont mis en pratique grâce à l'organisation comptable que l'on peut résumer de la manière suivante :
– le Plan Comptable Général contraint toute entreprise soumis à la fiscalité française d'adopter l'un des trois systèmes suivants :

+ un système de base, pour les entreprises moyennes, pour la présentation des postes les plus utilisés ;

+ un système abrégé, pour les petites entreprises (qui respectent deux des trois critères suivants : total du bilan inférieur ou égal à 267 000 €, chiffre d'affaires, c'est-à-dire total des ventes, inférieur ou égal à 534 000 €, nombre moyen de salariés permanents inférieur ou égal à 10), qui utilise un nombre restreint de postes et simplifie la présentation des documents comptables ;

+ un système développé, pour les grandes entreprises et celles qui désirent effectuer une analyse de gestion fine, qui conduit à l'utilisation d'un nombre plus important de postes, à l'élaboration de documents comptables détaillés et à la présentation d'outils de gestion plus élaborés (soldes intermédiaires de gestion, tableau de financement… voir chapitres 8 et 9) ;

– afin d'éviter d'être obligés de dresser un bilan après la comptabilisation de chaque opération, les comptables ont créé les comptes, rubriques enregistrant les mouvements affectant chaque poste du bilan et en constituant la mémoire. Ainsi, il existe, au minimum, autant de comptes que de postes dans le bilan. Ce minimum s'explique par le fait qu'au-delà des comptes définis par le Plan comptable général, chaque entreprise est libre d'utiliser autant de sous comptes qu'elle le souhaite en fonction du degré de finesse de l'information qu'elle estime nécessaire de détenir. Par exemple, outre la nécessité de connaître le montant total de ses créances sur ses clients, elle peut désirer savoir combien chaque client lui doit. Dans ce cas, outre le compte général « Clients » qui apparaît dans le bilan dans le poste de même nom, elle utilisera autant de sous comptes « Clients » qu'elle a de clients. Comme nous l'avons déjà indiqué, nous n'entrons pas dans cet ouvrage dans la technique d'enregistrement dans les comptes qui n'apporte rien pour l'interprétation des documents comptables.

Éclairage

Un poste du bilan est l'appellation qui définit chaque élément que l'on trouve à l'actif ou au passif du bilan. Chaque poste contient un certain nombre de comptes qui recouvrent une même réalité.

astuce

L'ensemble des comptes forme le « Grand-Livre ».

– pour harmoniser leur utilisation, les comptes sont regroupés en classes :
+ Classe 1 : Comptes de capitaux (inscrits nécessairement au passif) ;
+ Classe 2 : Comptes d'immobilisations (inscrits nécessairement à l'actif) :
+ Classe 3 : Comptes de stocks et d'encours (inscrits nécessairement à l'actif) ;
+ Classe 4 : Comptes de tiers (inscrits soit à l'actif s'il s'agit de créances, soit au passif s'il s'agit de dettes) ;
+ Classe 5 : Comptes financiers (inscrits soit à l'actif s'il s'agit d'une trésorerie positive, soit au passif s'il s'agit d'une trésorerie négative).

ATTENTION !

Une entreprise doit utiliser les comptes définis par le Plan Comptable Général.

Chaque classe est divisée en comptes dont le premier chiffre correspond au numéro de la classe à laquelle ils appartiennent et le second à leur ordre dans la classe. Ce sont les comptes à deux chiffres qui sont repris dans le bilan (par exemple 40 « Fournisseurs », 41 « Clients »). Chaque compte est ensuite divisé en comptes divisionnaires (individualisés par le troisième chiffre), puis en sous comptes (individualisés par le quatrième chiffre), selon les besoins de l'entreprise qui peut subdiviser comme elle le souhaite les sous comptes en ajoutant un cinquième, un sixième…, un énième chiffre ;
– à la fin d'un exercice, on calcule la valeur nette de chaque compte (son solde) en faisant la différence entre la somme qu'il présentait au début de l'exercice (son solde initial) à laquelle s'ajoutent les sommes qui ont conduit à l'augmenter et de laquelle se retranchent les sommes qui ont conduit à le réduire. C'est ce solde final qui apparaît dans le bilan de fin d'exercice ;
– le passage d'un bilan de début d'un exercice (bilan initial) à un bilan de fin d'un exercice (bilan final) suit trois étapes : la reprise des soldes initiaux, l'enregistrement de toutes les opérations de l'exercice, la détermination des soldes finaux ;
– outre l'enregistrement dans les comptes concernés de chaque opération, l'entreprise est obligée d'enregistrer tous ses opérations de manière chronologique, dans le « Journal » qui permet de rendre les recherches ultérieures plus faciles.

astuce

Selon le Code de Commerce, le Journal est un moyen de preuve en faveur ou à l'encontre de celui qui tient la comptabilité, selon la nature juridique des plaideurs.

III. LA COMPOSITION PAR GRANDES MASSES DE L'ACTIF ET DU PASSIF DU BILAN

Les indications précédentes permettent de présenter, sous forme de « barres », un schéma (que nous compléterons dans le chapitre 9) de bilan selon les deux approches possibles, économique et juridique :

Emplois		**Ressources**	
Approche économique	Approche juridique	Approche économique	Approche juridique
Emplois permanents	Biens corporels, incorporels, titres, droits	Ressources propres	Situation nette
Emplois cycliques	Stocks		
	Créances		
Emplois immédiats	Disponibilités	Ressources empruntées	Dettes

Le profit ou la perte réalisé(e) au cours d'un exercice n'apparaît pas explicitement dans la forme retenue ci-dessous. En réalité, l'un ou l'autre est intégré dans les capitaux propres ou la situation nette. En effet, si l'actif (ou les emplois) est (sont) supérieur(s) au passif (ou les ressources), c'est parce que l'entreprise s'est enrichie. Comme le passif doit être égal à l'actif, il faut ajouter quelque chose au passif. Il est donc logique que le profit se situe au passif du bilan. Inversement, si le passif (ou les ressources) est (sont) supérieur(es) à l'actif (ou aux emplois), c'est parce que l'entreprise s'est appauvrie. Comme l'actif doit être égal au passif, il faut ajouter quelque chose à l'actif. La perte devrait donc logiquement se situer à l'actif du bilan. Cependant, pour une question de présentation, la perte est inscrite au passif, toujours dans les capitaux propres ou la situation nette, mais avec le signe moins.

Éclairage

L'actif du bilan est composé d'emplois permanents (biens corporels et incorporels, droits, titres), d'emplois cycliques (stocks, créances), d'emplois immédiats (disponibilités). Le passif est composé de ressources propres (situation nette) et de ressources empruntées (dettes). Le résultat d'un exercice s'inscrit toujours au passif du bilan : le profit avec le signe plus, la perte avec le signe moins.

ATTENTION !

Outre le bilan, les entreprises doivent également fournir des informations sur les éléments hors-bilan les concernant, c'est-à-dire, selon le Plan Comptable Général, « des droits et obligations susceptibles de modifier le montant ou la consistance du patrimoine de l'entreprise », c'est-à-dire des éléments qui ne sont ni des créances ni des dettes certaines, mais qui pourront le devenir si certaines conditions viennent à être remplies, ce qui conduit à distinguer les éléments hors-bilan des provisions pour risques (voir chapitre 7) qui sont simplement probables (par exemple, les cautions, les avals, les nantissements, les hypothèques, les engagements de crédit-bail mobilier et immobilier, les opérations à terme ou d'options, des indemnités de fin de carrière ou de départ à la retraite si elles n'ont pas été comptabilisées en provisions).

Ainsi, pour une location sous forme de crédit-bail, l'entreprise doit mettre en hors-bilan l'engagement reçu de la société de crédit-bail et l'engagement pris de payer les redevances.

➤ Chapitre 3
Le compte de résultat

Ce que vous allez apprendre

- Comment se forme un résultat
- Pourquoi et comment la tenue des stocks intervient dans le calcul du résultat
- La décomposition des pertes en charges et des profits en produits
- Les différentes charges et les différents produits
- L'influence sur les charges et les produits de la tenue des stocks sous la forme d'un inventaire intermittent
- La différence entre charges et produits monétaires et charges et produits calculés

Comme on l'a déjà indiqué, le bilan évalue le patrimoine d'une entreprise à un moment donné et permet de connaître son résultat par la différence entre son actif et son passif. Cette dernière information est insuffisante car elle ne fournit qu'une indication de ce résultat à un moment donné et sans en expliquer la formation. La décomposition des pertes en charges et des profits en produits permet de mieux comprendre la différence fondamentale déjà signalée entre le résultat monétaire et le résultat comptable.

Éclairage
Le résultat, profit moins pertes, est décomposé en éléments plus significatifs, produits moins charges.

I. LE RÉSULTAT : PROFITS MOINS PERTES

Les notions de ressources externes (ressources apportées à l'entreprise par ses propriétaires ou des tiers) et d'emplois temporaires (éléments qui ne font que transiter dans l'entreprise pendant un temps plus ou moins long et qui sont l'une des sources de la valeur de son patrimoine) que l'on trouve dans un bilan peuvent être élargies. En effet, on peut leur adjoindre des ressources internes (qui, comme toutes les ressources, se trouvent au passif du bilan) et des emplois irréversibles (qui comme tous les emplois, se trouvent à l'actif du bilan) provenant d'opérations se rapportant au cycle d'exploitation de l'entreprise.

Les ressources internes sont des éléments générés par l'entreprise elle-même au cours de ses différentes activités. Elles constituent des profits et proviennent soit d'un appauvrissement antérieur, soit d'une cession patrimoniale.

Les emplois irréversibles sont des emplois à caractère définitif, c'est-à-dire des biens et des services qui sont consommés rapidement par l'entreprise lors de son activité d'exploitation. Ils conduisent d'abord à un appauvrissement, avant de donner naissance, plus tard, à un enrichissement. Ils constituent pour l'entreprise des consommations intermédiaires, des pertes.

Le résultat global d'un exercice est alors calculé par la différence entre tous les profits et toutes les pertes enregistrés au cours de cet exercice. Les contraintes qui pèsent sur l'enregistrement comptable des opérations nécessitent deux sortes d'aménagements : d'une part la prise en compte des distinctions dépenses – pertes et recettes – profits, d'autre part l'assimilation entrées dans les stocks – pertes et sorties des stocks – profits.

Outre le fait que l'enregistrement comptable d'une opération doit être effectué dès son engagement, même si le paiement n'est réalisé que plus tard, la prise en compte des différences dépenses – pertes et recettes – profits est indispensable parce que certaines pertes ne sont jamais décaissées et certains profits jamais encaissés. L'enregistrement des dépenses et des recettes qui ne donnent lieu à aucun mouvement d'argent (pertes calculées et profits calculés) qui intervient lors des opérations d'inventaire que nous aurons l'occasion de développer (voir ci-dessous) est la conséquence du principe de prudence : plutôt que d'attendre la disparition de certains éléments de l'actif ou la survenance effective de pertes prévisibles pour constater leur dépréciation et enregistrer la moins-value, l'entreprise est autorisée à anticiper chaque année les pertes potentielles qu'elle est susceptible de supporter, sans aucune conséquence sur son résultat monétaire. Lorsque, lors d'une année ultérieure, la dépréciation disparaît, la perte précédemment enregistrée est compensée par l'enregistrement d'un profit, lui aussi calculé et, en aucun cas, monétaire.

Toutes les entreprises ont pour objectif de vendre quelque chose : des marchandises dans le même état que lorsqu'elles les ont achetées, des biens qu'elles ont elles-mêmes produits à partir de la transformation de matières premières et d'approvisionnements, des services. De ce fait, les sorties de marchandises, de biens produits, de matières premières et d'approvisionnements utilisés, peuvent représenter des milliers d'opérations par jour. Aussi, la comptabilité française ne retient-elle pas la méthode trop lourde de l'inventaire permanent qui consiste à calculer le résultat d'une cession lors de chaque vente par la différence entre le prix de vente et le prix d'achat qu'il est parfois difficile, sinon impossible, de connaître : le résultat est calculé de manière globale (méthode de l'inventaire intermittent), en considérant toutes les entrées en stock comme des pertes (emplois irréversibles) et toutes les sorties de stocks comme des profits (ressources internes). Les deux approches sont évidemment équivalentes, à la condition de prendre en considération les variations de stocks que l'on constate entre le début et la fin de chaque exercice. En effet, la probabilité est quasiment nulle que tous les achats effectués lors d'un exercice soient vendus au cours de cet exercice ou que toutes les ventes d'un exercice proviennent d'achats effectués lors de ce même exercice.

ATTENTION !

En raison du découpage du temps en exercices et du fait qu'on ne peut considérer comme pertes d'une période des achats vendues lors d'une période ultérieure ou comme profits d'une période des ventes achetées lors d'une période précédente, la méthode de l'inventaire intermittent nécessite que l'on module les entrées et les sorties d'un exercice par la variation des stocks observée entre le début et la fin de cet exercice : ce sont les consommations, et non les achats, d'une période qui importent.

Une correction des entrées et des sorties de stocks s'impose donc : tout au long d'un exercice, les comptes de stocks du bilan restent invariables, les mouvements de stocks constituant des pertes lors des entrées et des profits lors des sorties. Ainsi, on substitue aux comptes matières, marchandises, produits, comptes de flux, les comptes « Stock de matières », « Stock de marchandises », « stock de produits », comptes de stock, qui n'interviennent qu'au début et en fin d'exercice. À la fin de l'exercice, les stocks apparaissant dans le bilan sont corrigés pour refléter leur véritable valeur à ce moment-là. Il s'ensuit un ajustement du résultat qui provient de la variation des stocks au cours de l'exercice. Cette variation se mesure par la différence entre les stocks à la fin de l'exercice (stocks finaux) et les stocks au début de l'exercice (stocks initiaux) de la manière suivante :

– si la différence entre stock final et stock initial est positive, c'est que toutes les entrées de la période n'ont pas été utilisées. L'entreprise a constitué des stocks : on compense l'enregistrement en pertes des achats non consommés en inscrivant la variation de stocks en profits ;

– si la différence entre stock final et stock initial est négative, c'est que les entrées de la période n'ont pas suffi et que l'on a été obligé de prélever sur les stocks des années antérieures. L'entreprise a consommé des stocks : on enregistre en pertes la variation de stocks.

ATTENTION !

Si la constitution de stock est, comptablement, un produit, elle est synonyme de charge dans l'analyse financière car l'entreprise doit assurer et entreposer le surplus de stock, tout en payant les fournisseurs pour les achats supplémentaires. Parallèlement, si la consommation de stock est une charge, elle est synonyme d'amélioration financière car il faut moins assurer et moins entreposer, tout en ayant moins à payer aux fournisseurs auxquels on a moins acheté.

Cette comptabilisation des marchandises, des biens produits, des matières premières et des approvisionnements présente un avantage et deux inconvénients. L'avantage provient de la facilité avec laquelle sont comptabilisées les entrées (en pertes) et les sorties (en profits). Les inconvénients sont, d'une part, l'impossibilité de connaître la valeur des stocks à tout moment, d'autre part, d'être tenu de procéder, à la fin de chaque exercice, à un inventaire extracomptable des stocks, c'est-à-dire à compter les quantités détenues, puis à les évaluer.

astuce

Pour être en mesure de savoir, à tout instant, quelle est la situation de leurs stocks, de nombreuses entreprises tiennent, à côté de l'inventaire intermittent, un *inventaire permanent* des stocks, à la fois en quantités et en valeurs.

Au total, le résultat d'un exercice comptable se calcule donc ainsi :

Profits moins pertes plus ou moins variations de stocks

II. LE RÉSULTAT : PRODUITS MOINS CHARGES

Les comptes de gestion qui sont détaillés dans la suite de cet ouvrage n'enregistrent que des flux, à la différence des comptes de bilan qui présentent, pour leur part, aussi bien des flux (tout au long de l'exercice) que des stocks (à la fin de l'exercice). En effet, à la clôture de chaque exercice, tous les comptes de charges et de produits sont regroupés dans un compte unique, « le Compte de résultat » (voir annexes 3 et 4 de la liasse fiscale).

Les comptes de produits (Classe n° 7 dans le Plan Comptable Général) correspondent aux profits (ressources internes de l'entreprise) et enregistrent toutes les opérations d'un exercice qui conduisent à un enrichissement. S'ils résultent d'un appauvrissement antérieur, c'est parce qu'ils se rapportent à l'activité courante de l'entreprise. Ils sont divisés en :

– produits d'exploitation recouvrant les ventes de marchandises pour les entreprises commerciales, les ventes de produits finis pour les entreprises industrielles, les prestations de services pour les entreprises de services, les produits des activités annexes (commissions, courtages, locations…), la production stockée, la production immobilisée, les subventions d'exploitation, les autres produits de gestion courante (redevances reçues pour des concessions, des brevets…), les reprises sur charges calculées à caractère d'exploitation ;

Éclairage

Le calcul précédent présente l'inconvénient de ne conduire à l'utilisation que de deux comptes (profits et pertes) dans lesquels devraient être enregistrés des éléments forts disparates, représentatifs de tous les profits et de toutes les pertes que les innombrables opérations d'une entreprise génèrent. Il s'ensuit une grande difficulté d'analyse de ces deux comptes, donc du résultat lui-même. Aussi procède-t-on à la division de ces deux « méga »-comptes en de multiples sous comptes, les comptes de gestion (appelés produits pour les profits et charges pour les pertes), chacun correspondant à la nature particulière des profits ou des pertes.

– produits financiers, regroupant les produits de participation, les revenus de valeurs mobilières, les gains de change, les produits de cessions de valeurs mobilières, les reprises sur charges calculées à caractère financier ;
– produits exceptionnels, résultant d'une cession patrimoniale, divisés en cessions d'éléments d'actif et en reprises sur charges calculées à caractère exceptionnel.

Les comptes de charges (Classe n° 6 dans le Plan Comptable Général) correspondent aux pertes (emplois irréversibles dont s'est servie l'entreprise) et enregistrent de toutes les consommations d'un exercice qui conduisent à un appauvrissement. Si les charges entraînent un appauvrissement temporaire, c'est parce qu'elles se rapportent à l'activité courante de l'entreprise, lui permettant ensuite de s'enrichir. Elles sont divisées en :
– charges d'exploitation recouvrant toutes les consommations concernant les matières, achats de marchandises pour les entreprises commerciales, achats de matières premières pour les entreprises industrielles ; la main-d'œuvre, salaires, appointements et charges sociales ; les impôts ; les services acquis auprès de tiers, classés selon leur nature ; les autres charges de gestion courante (redevances pour concessions, brevets…) ; les charges calculées à caractère d'exploitation ;
– charges financières regroupant les charges d'intérêts, les pertes de change, les charges sur cessions de valeurs mobilières, les reprises sur charges calculées à caractère financier.
– charges exceptionnelles si elles conduisent à un appauvrissement définitif : cessions d'éléments d'actif et charges calculées à caractère exceptionnel, « Participation des salariés aux résultats de l'entreprise » et « Impôt sur les bénéfices ».

Le résultat d'un exercice comptable s'obtient alors par la différence entre les produits et les charges, les variations de stocks étant désormais incorporées soit dans les produits (si l'entreprise a constitué des stocks au cours de l'exercice) soit dans les charges (si, au contraire, elle a consommé des stocks) :

Résultat = Produits moins charges

On a vu que les comptes de produits et de charges ne constituent qu'un éclatement des deux comptes de profits et de pertes. Il est donc logique de les solder, donc de les faire disparaître, afin de les regrouper, à la fin de chaque exercice, dans un compte unique, le « Compte de résultat ». De ce fait, au début de l'exercice suivant, aucun résultat

Éclairage

Le montant du profit ou de la perte qui apparaît dans le « Compte de résultat » d'un exercice est le montant du profit ou de la perte qui permet d'établir l'équilibre du bilan final de cet exercice.

n'existe. On ne trouve donc, alors, ni comptes de charges ni comptes de produits. Ceux-ci sont créés à mesure qu'une perte ou qu'un profit apparaît.

III. CHARGES ET PRODUITS MONÉTAIRES ET CHARGES ET PRODUITS CALCULÉS

Éclairage

Des charges et des produits donnent naissance à des règlements monétaires, d'autres non.

Dans toute entreprise, il existe deux catégories d'écritures comptables :
– des écritures « quotidiennes » qui correspondent aux activités courantes qu'elle mène de manière habituelle tout au long d'un exercice (envois de factures de ventes, réceptions de factures d'achats, de frais généraux divers, d'avis d'imposition, d'opérations financières, établissement de la paie des salariés, règlements reçus, paiements effectués...). Toutes ces opérations présentent la particularité de donner lieu, immédiatement ou de manière différée, à une contrepartie en argent. Elles conduisent donc à des charges et des produits « monétaires » ;
– des « écritures d'inventaire » qui sont enregistrées une fois par an, dans les trois mois qui suivent la fin d'un exercice, mais qui sont datées fictivement du dernier jour de cet exercice. Ces écritures répondent à l'obligation de donner « une image fidèle » de l'entreprise, donc de tenir compte des moins-values potentielles, des charges et des produits afférents à l'exercice mais non encore constatés, des produits et des charges déjà constatés mais intéressant un exercice futur... Au contraire des opérations précédentes, elles ne donneront jamais lieu à un quelconque paiement. Elles conduisent donc à des charges et des produits « calculés ». Cette différence entre ce qui a des conséquences monétaires et ce qui est seulement considéré comme comptable explique la différence entre résultat monétaire et résultat comptable.

Maintenant que les principes généraux de la comptabilité ont été présentés, il est possible de passer à l'analyse des principaux postes du bilan et du compte de résultat. Comme le financement d'une entreprise constitue l'élément essentiel de son existence, nous allons commencer par le haut du passif du bilan, décomposé en capitaux propres et capitaux empruntés. Nous poursuivrons avec l'utilisation de ces ressources en éléments d'actif à long terme, les immobilisations. Nous achèverons l'étude du bilan en envisageant comment les dettes à court terme servent à générer les emplois à court terme, les actifs circulants.

➤ Chapitre 4
Les capitaux propres

Ce que vous allez apprendre

- La différence entre les apports dans une entreprise individuelle et les apports dans une société
- Les différents titres de propriété et leurs droits
- Le rachat de ses actions par une société
- Les principales modifications concernant le capital social d'une société : amortissement, réduction, augmentation
- Les différentes méthodes d'augmentation de capital et leurs conséquences sur le bilan
- La formule de la participation des salariés aux résultats de l'entreprise
- Le calcul et le paiement de l'impôt sur les sociétés
- La répartition du résultat et sa comptabilisation
- La constitution et la signification des réserves

Le fonctionnement d'une entreprise impose que celle-ci dispose de moyens financiers adaptés à ses activités. Aussi, dès son projet de création et à l'occasion de toute velléité de développement, son (ou ses) dirigeant(s) doi(ven)t réfléchir aux différents moyens de se procurer les fonds nécessaires. Ceux-ci se décomposent en deux grandes parties : des capitaux propres, appartenant aux propriétaires, et des capitaux empruntés auprès de tiers (tant à long terme pour financer les investissements qu'à court terme pour assurer l'exploitation courante). Dans ce chapitre, seuls les capitaux propres sont envisagés, les capitaux empruntés étant étudiés dans le chapitre suivant.

Les capitaux propres sont composés de trois sortes d'éléments : les apports initiaux, constitués lors de l'apparition de l'entreprise, les apports et les retraits effectués tout au long de son existence, les profits réalisés au fil du temps, non distribués aux propriétaires et, donc, conservés au sein de l'entreprise.

I. LES APPORTS

D'un montant calculé de manière précise et suffisant à la fois pour faire face aux besoins essentiels de l'entreprise, donc éviter une situation de cessation de paiements en raison d'un manque de fonds, et pour assurer son indépendance financière par rapport aux prêteurs, les apports doivent être distingués selon la nature juridique de la firme considérée. En effet, il existe deux catégories d'entreprises commerciales : les « entreprises individuelles » et les « entreprises sociétaires ». Les apports et leur évolution répondent à des modalités différentes dans ces deux cas.

Une entreprise individuelle n'a pas de personnalité propre. Elle ne provient que de l'utilisation du patrimoine d'une personne physique dédié à ses activités professionnelles qui ne sont pas regroupées dans un patrimoine particulier. On a déjà signalé que cette situation pose parfois des problèmes d'enregistrement comptable. Surtout, elle conduit à un risque pour les tiers qui travaillent avec ce type d'entreprise puisque ses apports ne sont, en réalité, qu'une partie du patrimoine de l'individu propriétaire. Le montant initial de l'apport est égal à la différence entre la valeur des éléments d'actif consacrés à l'activité professionnelle et la valeur des éléments de passif que la personne décide, éventuellement, de faire supporter par cette activité. Il figure donc au passif du bilan sous l'appellation « Capital individuel » qui ne représente, en fait, qu'une fiction juridique.

Au cours de la vie de l'entreprise, les apports (en numéraire ou provenant du paiement des dettes de l'entreprise par un compte personnel du propriétaire) et les retraits (également en numéraire ou en raison du paiement des dettes personnelles du propriétaire par un compte de l'entreprise), sont libres et sont enregistrés, de manière transitoire, dans le « Compte de l'exploitant » qui est soldé (c'est-à-dire, rappelons-le, annulé), transféré dans le compte « Capital individuel », à la fin de chaque exercice, en plus de la somme du début d'exercice si les apports de l'année ont été supérieurs aux retraits, en moins dans la situation inverse.

ATTENTION !

Le compte « Capital individuel » d'une entreprise individuelle est invariable tout le long de l'exercice et le « Compte de l'exploitant » n'apparaît jamais dans le bilan.

Éclairage

Dans toutes les sociétés, les propriétaires sont appelés associés. Les associés sont nommés actionnaires uniquement dans les sociétés de capitaux.

Les apports d'une personne étant nécessairement limités, les entreprises individuelles sont toujours d'une dimension très modeste. Lorsqu'il veut atteindre une taille plus importante, le dirigeant doit se constituer en société, soit seul dans certaines formes, soit, plus couramment, avec des associés.

Trois types de sociétés existent :
– des sociétés de personnes dont l'exemple le plus connu est la société en nom collectif (SNC) ;
– des sociétés de capitaux dont les exemples les plus connus sont la société anonyme (SA) et la société anonyme simplifiée (SAS) ;
– des sociétés de type intermédiaire dont les exemples les plus connus sont l'entreprise unipersonnelle à responsabilité limitée (EURL) et la société à responsabilité limitée (SARL).

Les différences juridiques entre ces trois catégories sont, évidemment, très nombreuses et on ne peut les analyser dans le cadre de cet ouvrage. Nous nous contentons de présenter les deux divergences ayant une influence, parfois substantielle, sur les apports :
– les titres octroyés aux associés en contrepartie de leurs apports sont appelés parts sociales dans les sociétés de personnes et dans les sociétés de type intermédiaire et actions dans les sociétés de capitaux. Les premières ne sont pas librement négociables, c'est-à-dire cessibles (il faut obtenir l'acceptation des

autres associés), alors que les secondes le sont, sauf cas particuliers d'agréments prévus dans les statuts, sans aucune autorisation, ce qui explique pourquoi seules les sociétés par actions sont susceptibles d'être cotées en bourse ;
– la responsabilité des associés est engagée sur la totalité des pertes d'une société de personnes, ce qui signifie qu'ils en sont redevables sur leur patrimoine personnel, tandis qu'elle est limitée (sauf cas de malversations) au montant de leur apport dans une société de type intermédiaire et une société de capitaux.

Une société est une personne morale, disposant de tous les attributs d'une personne physique : nom (raison sociale), adresse (siège social), date de naissance et de décès, inscription à l'état civil (immatriculation au Registre du Commerce et des Sociétés RCS), patrimoine. Les apports lui appartiennent donc en propre et se divisent en apports en numéraire (en argent), apports en nature (en biens) et, exceptionnellement, dans certaines sociétés, apports en industrie (en travail). Dans les deux derniers cas se pose le problème de leur évaluation en monnaie, tâche remplie par des personnes qualifiées, les commissaires aux apports. Tous ces apports constituent des ressources pour l'activité professionnelle et figurent donc au passif du bilan, sous l'appellation « Capital social ».

Le capital social correspond à la valeur nominale, librement fixée par la société, de chaque titre de propriété, part sociale ou action, multipliée par le nombre de titres. Il représente la valeur de l'ensemble des apports des associés lors de la constitution de la société. Aucune valeur minimum du capital social n'est fixée pour les sociétés de personnes, les sociétés de type intermédiaire et les sociétés anonymes simplifiées. Pour les sociétés anonymes, dans lesquelles le nombre d'actionnaires doit être au moins de sept, le capital social minimum est fixé à 37 000 € et à 120 000 € pour les « sociétés européennes ».

Sauf dans les cas exceptionnels, nécessitant le respect de modalités juridiques précises, d'amortissement, de réduction ou d'augmentation du capital, en raison du principe de fixité du capital, le compte « Capital social » est invariable.

Éclairage

En raison de la règle de la fixité du capital, des versements temporaires de la part de certains associés ne peuvent modifier le montant du « capital social ». Ils sont considérés comme des dettes pour l'entreprise et, à ce titre, enregistrés dans un compte de dettes « Actionnaires, comptes courants » et leur rémunération éventuelle répond à des conditions précises.

ATTENTION !

Le montant du capital social ne représente la valeur de l'entreprise que le jour de sa constitution. Dès le lendemain, il est différent de la valeur réelle de la société (voir ci-dessous)

Si l'on prend l'exemple des titres de propriété d'une société de capitaux, il faut distinguer entre les actions ordinaires et les actions de préférence.

En vertu du principe d'égalité, tous les actionnaires participent, au prorata de leur détention d'actions, à la gestion de la société lors des assemblées générales, ordinaires ou extraordinaires lorsqu'il est question d'une modification des statuts, grâce au droit de vote attaché à chaque titre et qui emporte le droit à l'information puisque l'on ne peut voter de manière responsable que si l'on connaît la situation de la société, donc si l'on a à sa disposition tous les documents nécessaires à son appréciation.

Éclairage

Les actions ordinaires disposent de trois droits : le droit de vote, le droit aux dividendes, le droit au remboursement.

Le principe général est : une action égale un droit de vote. En dehors des actions sans droit de vote envisagées ci-dessous, il existe des actions à droit de vote double. Cette disposition qui doit figurer dans les statuts de la société a pour but de fidéliser et de stabiliser l'actionnariat pour s'assurer d'une majorité sûre. Pour qu'une action dispose d'un droit de vote double, le titre doit être détenu par le même actionnaire depuis plus de deux ans sous la forme « nominative », c'est-à-dire être inscrit au nom de son détenteur dans les livres de la société ou d'un intermédiaire financier désigné pour gérer ses titres, et non sous la forme « au porteur », la société ne connaissant pas, alors, l'identité de ses actionnaires.

ATTENTION !

Toutes les actions remplissant les conditions fixées doivent disposer du même droit de vote double : il n'est pas possible de faire des discriminations entre associés.

Une action ne bénéficie du droit pécuniaire aux dividendes que sur la partie libérée, la partie non « appelée » (voir ci-dessous) ne donnant lieu à aucune rémunération. Le dividende est fonction du montant des profits réalisés et de la politique de distribution appliquée qui dépend de la trésorerie de l'entreprise et de sa stratégie, en particulier sa politique d'investissement. Le dividende se divise en deux parties : le premier dividende, fixé dans les statuts à un pourcentage de la valeur nominale des actions, et le superdividende dont le montant est fixé chaque année par l'assemblée générale ordinaire des associés, en fonction des « sommes distribuables » (voir ci-dessous). Normalement réglé en espèces, le versement du dividende peut être proposé, si les statuts le prévoient, sous forme d'actions gratuites : la société procède, alors, à une augmentation de capital à laquelle l'actionnaire peut refuser de participer. Il est, dans ce cas, rémunéré en numéraire. L'avantage pour les actionnaires de bénéficier de nouveaux titres est de ne pas être imposé sur le revenu que constitue le dividende, mais sur la plus-value qui sera réalisée, plus tard, au moment de la cession des actions antérieurement reçues.

Une action dispose d'un deuxième droit pécuniaire, le remboursement. Lorsque la société est dissoute, l'actionnaire détenteur des titres à ce moment-là, perçoit, en dernier ressort, une fois l'actif réalisé et le passif exigible réglé, et de manière proportionnelle au nombre d'actions possédées, l'argent qui reste disponible (sauf si une partie ou la totalité du capital a été amortie, voir ci-dessous). La somme reçue peut, alors, être inférieure (« malus de liquidation »), égale ou supérieure (« bonus de liquidation ») à la valeur nominale.

Les actions de préférence regroupent des catégories d'actions qui ne peuvent plus aujourd'hui être émises, mais que l'on trouve encore dans certaines sociétés, et qui bénéficient d'un droit particulier (autre que le droit de vote double) par rapport aux autres actions :

– les actions de priorité ou actions privilégiées qui donnent un droit prioritaire lors de la distribution de dividendes ou du partage du bonus en cas de liquidation ;

– les actions à dividende prioritaire (égal au minimum au premier dividende d'une action ordinaire et à 7,5 % de la valeur nominale du titre), sans droit de vote ;

– les certificats d'investissement, très prisés dans les entreprises nationalisées qui avaient besoin de se financer et dont on prévoyait qu'elles allaient être privatisées, constitués d'une partie, porteuse de tous les droits pécuniaires d'une action, placée dans le public et négociable, et d'une partie, les certificats de droits de vote, représentant les autres droits, essentiellement le droit de vote, nominative et inaliénable, et attribuée à des actionnaires « sûrs » ;

– les « actions traçantes », actions, émises par la société mère d'un groupe, disposant des mêmes droits que les actions classiques, mais avec une rémunération spécifique, fonction des résultats de la filiale concernée (souvent avec, à la fois, la garantie d'un minimum de dividende et un plafond par rapport au dividende versé par la société mère sur ses actions ordinaires).

On commence par comptabiliser les promesses d'apports, en créant des comptes transitoires indiquant, à l'actif les créances potentielles que l'entreprise a sur les associés (dans des comptes « Apports ») et au passif le capital prévu (dans le compte « Capital souscrit, non appelé »). Ces comptes sont soldés à mesure de la libération du capital. En effet, si les apports en nature doivent être remis à la société dès sa création, les apports en numéraire peuvent l'être en plusieurs fois, ce qui permet de faire des appels à mesure que les besoins financiers de l'entreprise augmentent. Dans le cas d'une libération en plusieurs fois, il ne faut pas sous-estimer les problèmes juridiques engendrés par des associés qui ne respectent pas leur promesse d'apports lors des différents appels postérieurs.

Éclairage

La comptabilisation des opérations de création d'une société se fait en fonction des différentes étapes de la libération de son capital.

ATTENTION !

Le minimum de versement du capital social dès la constitution de l'entreprise est de 20 % pour toutes les sociétés, sauf pour les sociétés anonymes où il se monte à 50 %. Dans toutes les sociétés, le solde restant dû doit être apporté dans les 5 années qui suivent l'immatriculation au RCS, aucune augmentation de capital en numéraire ne pouvant avoir lieu avant la libération intégrale du capital.

À mesure que les appels ont lieu, l'appellation des comptes de créances devient de plus en plus précise et significative. Elle passe de « Apports » à « Associés, capital, souscrit et appelé, non versé », puis aux actifs effectivement apportés, par exemple « Immobilisations » pour un apport en nature et « Banque » pour un apport en numéraire. Parallèlement, sont substitués, successivement, au compte « Capital souscrit, non appelé », les deux comptes « Capital souscrit, appelé, non versé » et, finalement, « Capital social ».

ATTENTION !

Dans le bilan, au passif, lorsque le capital n'est pas totalement libéré, le poste capital social apparaît avec la mention supplémentaire explicite « dont appelé ».

II. LES MODIFICATIONS DU CAPITAL SOCIAL

Avant d'envisager les cas de réduction et d'augmentation de capital, il faut commencer par expliciter rapidement la question du rachat par une société de ses titres. En effet, afin de leur permettre d'utiliser leurs liquidités excédentaires, de renforcer le contrôle des associés majoritaires, de profiter d'opportunités fiscales et de conforter leurs relations avec leurs salariés et leurs associés minoritaires, les sociétés à responsabilité limitée et les sociétés de capitaux ont la possibilité de procéder au rachat d'une partie de leurs titres. Sauf dans le cas où les titres rachetés sont destinés aux salariés dans le cadre d'un plan d'intéressement et où les statuts le stipulent, cette opération doit être autorisée par l'assemblée générale pour une durée de 5 ans. Celle-ci doit prévoir le nombre de titres à racheter ainsi que la fourchette de prix. Ce rachat, qui atteint, sauf exceptions pour des raisons de fusions-acquisitions, au maximum 20 % du capital social et est accessible à tous les associés, ne peut être effectué que dans la limite des bénéfices qui peuvent être distribués afin de ne pas peser sur la situation financière de la société. Les droits de vote attachés aux actions amorties sont immédiatement suspendus et les droits aux dividendes peuvent également l'être. Au niveau comptable, les actions rachetées sont inscrites dans un compte « Actions propres » figurant soit en immobilisations si les titres sont destinés à être conservées longtemps, soit en trésorerie, dans un compte « Valeurs mobilières de placement » s'ils ne doivent être détenus que pour une courte période. En contrepartie, c'est le compte banque qui diminue.

ATTENTION !

Dans le cas d'un rachat par une société de ses propres actions, le capital social demeure inchangé.

Il faut ensuite s'intéresser à la procédure, elle aussi rarement utilisée, de l'amortissement du capital social. Dans ce cas, la société restitue à ses associés tout ou partie de la valeur nominale de leurs titres, sous forme d'une avance sur le montant qui devrait leur être rendu à la liquidation de l'entreprise. Dans ce cas également, le « Capital social » reste inchangé, étant simplement transféré dans un sous-compte « Capital amorti ». Les titres de la société sont alors renommés titres de jouissance. Le remboursement ne peut provenir que des bénéfices distribuables figurant dans les réserves dont la valeur diminue parallèlement au compte de trésorerie grâce auquel le remboursement est effectué. Comme le nominal a été reversé, les associés n'ont plus droit au premier dividende (voir ci-dessus), mais conservent le droit au superdividende.

ATTENTION !

On ne doit pas confondre l'amortissement du capital social qui consiste à rembourser aux associés une partie ou la totalité de leurs apports et l'amortissement d'un emprunt qui consiste à rembourser une partie ou la totalité d'un prêt accordé par un tiers.

Éclairage

Le capital social d'une société est, par principe, fixe. Seules des opérations très encadrées permettent sa réduction ou son augmentation. Les modifications du capital prennent la forme soit de diminutions soit, plus fréquemment, d'augmentations.

Il faut surtout prendre en considération les méthodes de réduction du capital social qui interviennent essentiellement dans deux situations, l'une, plutôt cas d'école, pour rembourser une partie de chaque action lorsque le capital est jugé trop important, l'autre, plus fréquent, pour apurer des pertes, c'est-à-dire pour faire disparaître celles-ci du bilan. Dans les deux situations, le compte « Capital social » diminue, dans la première hypothèse en contrepartie d'un compte de dettes « Associés capital à rembourser » qui augmente, avant que le remboursement ait lieu, le compte « Banque » se substituant, au moment du remboursement, au compte de dettes, dans la seconde hypothèse par le compte « Report à nouveau » qui apparaît au passif du bilan avec le signe moins et dont le montant vient en déduction des capitaux propres de la société.

astuce

Un procédé particulier pour apurer des pertes consiste à effectuer un « coup d'accordéon » : il s'agit d'une augmentation de capital en numéraire telle que l'on va l'étudier ci-dessous, immédiatement suivie d'une réduction du capital avec une comptabilisation semblable à celle qui vient d'être indiquée.

Reste à envisager l'opération la plus fréquente sur le capital social : son augmentation. Outre le fait que toutes les actions existantes doivent avoir été libérées, une augmentation de capital est possible si la société a publié au moins deux bilans. Elle est réputée réussie si au minimum les trois-quarts des actions proposées ont été souscrites et à condition que l'assemblée générale qui a expressément décidé l'augmentation ait prévu cette situation.

Éclairage

Une augmentation de capital peut se faire par augmentation de la valeur nominale des titres ou par augmentation du nombre de titres.

L'opération peut s'effectuer soit par augmentation de la valeur nominale des titres, soit par création de nouveaux titres, remis aux nouveaux actionnaires ou aux anciens qui participent à l'augmentation de capital. La première solution se produit en général dans les petites sociétés dans lesquelles les associés en place, peu nombreux, ne font pas entrer de nouveaux associés, il faut alors que la décision soit prise à l'unanimité des associés en place car elle implique que chacun d'entre eux est non seulement d'accord pour participer à l'opération, mais aussi de le faire tout en conservant la même répartition du capital que celle qui existait avant l'augmentation ; la seconde solution intervient dans les sociétés plus importantes rassemblant déjà avec un grand nombre d'associés et cherchant à en accroître encore le nombre. Dans le cas de la création de nouveaux titres, ceux-ci bénéficient des mêmes droits que les anciens.

Il faut distinguer l'augmentation de capital dite immédiate (même si elle peut être effectuée dans les 5 ans qui suivent la décision de l'assemblée générale) et l'augmentation de capital différée dans le temps. Une augmentation immédiate peut, comme lors de la création de la société, donner lieu à une libération étalée dans le temps, la seule différence étant que cette libération doit porter sur seulement au moins le quart de l'opération et non pas la moitié. Quant aux écritures de libération, elles sont identiques à celles déjà envisagées à l'occasion de la formation de la société.

Éclairage

Une augmentation de capital immédiate peut provenir de quatre procédures : un apport de fonds, une incorporation de réserves, un apport en nature, une consolidation de dettes.

Les quatre procédures conduisant à une augmentation de capital sont les suivantes :
– en numéraire, c'est-à-dire en argent. Au final, le compte banque augmente. Nous avons déjà signalé qu'une telle augmentation ne peut être réalisée que si le capital initial est totalement libéré ;
– par incorporation de réserves. Nous allons voir ci-dessous que les réserves de la société proviennent de ses bénéfices qu'elle n'a pas distribués sous forme de dividendes à ses associés. À la fois pour compenser ce non-versement, le plus souvent dû à une insuffisance de trésorerie, et pour donner une meilleure image d'elle-même avec un capital social plus important et sans avoir à sortir de fonds puisqu'il s'agit d'une opération purement comptable, elle va diminuer les réserves du montant retenu, les associés voyant la valeur nominale de leurs titres augmenter ou recevant gratuitement de nouveaux titres ;

astuce

Une opération très proche d'une augmentation de capital par incorporation de réserves consiste en une proposition d'augmentation de capital par paiement des dividendes en actions. C'est alors le compte « Résultat de l'exercice » qui diminue.

– en nature. Les comptes « Immobilisations » concernés augmentent. Dans le cas de l'acquisition d'une autre société payée par un échange d'actions, comme dans le cas d'une offre publique d'échange (OPE), on est également en présence d'une augmentation de capital en nature : tous les éléments d'actif de la société rachetée sont dorénavant inscrits dans des comptes d'actif de la société acheteuse tandis que les dettes sont enregistrées dans des comptes de passif ;
– par consolidation de dettes. Des dettes sont transformées en capital, en général lorsque la société endettée ne peut faire face à ses engagements et dans la mesure où le(s) créancier(s) accepte(nt) cette solution. Dans ce cas, la partie de la dette annulée est retirée des dettes de la société. La conversion d'obligations convertibles en actions que nous verrons dans le chapitre suivant constitue un exemple particulier de ce type d'augmentation de capital.

ATTENTION !

Seule l'augmentation de capital en numéraire permet à l'entreprise de recevoir des fonds. Les trois autres dispositifs ne donnent lieu qu'à une écriture comptable de transfert de comptes à comptes.

À l'issue de toute procédure d'augmentation de capital, d'un point de vue comptable, le compte « Capital social » augmente, souvent parallèlement à un autre compte « Primes liées au capital social » que l'on explique un peu plus loin.

Le problème principal qui se pose lors de l'augmentation de capital, quelle que soit la méthode utilisée, est celui du prix d'émission des nouvelles actions. Celui-ci doit être au moins égal à celui de la valeur nominale des titres déjà émis. Mais cette dernière doit être la même pour toutes les actions de la société. Or, depuis la création de la société, il est logique que la valeur de chaque titre ait augmenté (s'il a baissé, les chances que l'opération d'augmentation réussisse sont quasiment nulles). Existe donc une prime d'émission qui correspond à la différence entre la valeur réelle de chaque action au moment de l'augmentation de capital et la valeur nominale. La valeur effective de chaque action est égale à la valeur totale de la société divisée par le nombre d'actions. La difficulté est de déterminer la valeur de la société. Aucune règle n'est fixée pour ce calcul et il existe de très nombreuses méthodes que nous envisagerons dans le chapitre 10.

La prime d'émission apparaît dans un compte, inscrit dans les capitaux propres, « Primes liées au capital social » qui se décline en sous comptes différents selon la forme de l'augmentation de capital. du compte capital : « Primes d'émission » en cas d'augmentation de capital en numéraire ou par incorporation de réserves, « Primes d'apport » en cas d'augmentations de capital en nature, « Primes de conversion d'obligations en actions », en cas de conversion d'obligations convertibles. Ces primes d'émission, sont libérées obligatoirement en numéraire (le compte « Banque » augmente) dès que l'opération est réalisée. Elles sont égales à la valeur de l'action après l'augmentation de capital moins la valeur nominale.

ATTENTION !

Il ne faut pas confondre la prime d'émission sur les actions créée à l'occasion d'une augmentation de capital et la prime d'émission sur une obligation créée à l'occasion de l'émission d'un emprunt obligataire (voir dans le chapitre suivant).

Lorsque de nouveaux associés entrent dans la société lors d'une augmentation de capital, les anciens associés subissent deux « effets de dilution » :

– une dilution juridique matérialisée par la perte d'une partie de leur pouvoir, la proportion de leurs droits de vote par rapport au total diminuant ;
– une dilution pécuniaire matérialisée d'une part par la baisse de la valeur de leurs titres puisque l'augmentation de capital est réalisée à la valeur nominale des actions qui existent déjà et parce que les réserves précédemment constituées appartiennent, dorénavant, à tous les actionnaires, anciens et nouveaux, d'autre part par la diminution des bénéfices attendus par action, au moins à court terme, car les profits vont être répartis entre davantage de titres.

Aussi les anciens actionnaires bénéficient-ils d'un droit pécuniaire, le droit privilégié de souscription.

Ce droit compense la perte financière supportée par les anciens actionnaires qui ne souhaitent pas bénéficier de la possibilité d'obtenir de nouvelles actions au prix d'émission. Le nombre de DPS est proportionnel au nombre de titres détenus. Chaque actionnaire dispose au minimum de 14 jours entre l'annonce officielle du prix d'émission et l'avis de souscription pour exercer ce droit qui est négociable, ce qui signifie que soin détenteur qui le possède parallèlement à son action, peut le vendre tout en conservant cette dernière, l'acquéreur pouvant, au contraire, échanger ce droit contre une nouvelle action, sans détenir une ancienne. Dans le cas où les titres circulent en bourse., les droits préférentiels de souscription afférents sont aussi cotés.

ATTENTION !

Le droit préférentiel de souscription est appelé droit préférentiel d'attribution dans le cas d'une augmentation de capital par incorporation de réserves.

Le droit préférentiel de souscription qui n'existe pas pour les actions de préférence est égal à la différence entre la valeur effective de l'action avant l'augmentation de capital et sa valeur après l'augmentation. L'assemblée générale qui décide de l'opération est autorisée à le supprimer. De plus, on peut renoncer individuellement à ce droit. La « parité » (le rapport) anciennes actions – nouvelles actions conduit souvent à des opérations délicates. En effet, d'une part, la plupart du temps, le calcul « ne tombe pas juste » et, d'autre part, les anciens actionnaires ne détiennent pas nécessairement un multiple exact de titres, leur permettant d'acquérir un nombre entier de nouveaux titres. Pour y parvenir, ils doivent donc acheter ou vendre des parties d'actions, appelées

« rompus ». L'assemblée générale peut également décider que les droits formant rompus ne seront pas négociables.

Les nouveaux titres sont souscrits à « titre irréductible » ou « à titre réductible ». La souscription à titre irréductible se fait pour les anciens actionnaires proportionnellement au nombre de DPS dont ils disposent. Si, une fois les décisions de tous les anciens actionnaires annoncées, il demeure des actions non souscrites à titre irréductible, elles peuvent être souscrites à titre réductible par d'anciens ou de nouveaux actionnaires. La demande est alors satisfaite proportionnellement au nombre de DPS détenus et en fonction des titres disponibles.

ATTENTION !

Comme les droits de souscription ne concernent que les anciens et les nouveaux actionnaires et non la société, aucune écriture comptable n'est enregistrée dans les comptes de cette dernière.

Une augmentation de capital différée dans le temps est la conséquence de l'existence de « valeurs mobilières composées » qui sont des titres « donnant accès au capital ». Ces titres permettent à une société soit de se financer à un coût allégé en raison de l'avantage futur qu'ils procurent, alors que la situation financière générale ou sa propre situation ne lui permet pas d'envisager la réussite d'une augmentation de capital immédiate, soit de se prémunir contre une tentative d'achat à son encontre. La décision de faire figurer dans les statuts d'une société des valeurs mobilières composées est prise par l'assemblée générale. L'augmentation de capital doit être réalisée dans les cinq ans ou dans les dix-huit mois si elle est réservée à des bénéficiaires nommément désignés.

Outre les obligations convertibles, les obligations échangeables, les obligations à option de conversion ou d'échange en actions nouvelles ou existantes et les obligations remboursables en actions que nous envisagerons dans le chapitre consacré aux emprunts, une société de capitaux peut émettre des bons de souscription d'actions soit attachés à des actions soit autonomes. Un bon de souscription d'actions est un titre qui donne le droit de souscrire, pendant une durée déterminée, des actions dont le prix a été fixé à l'avance.

astuce

La différence entre un bon et une obligation que nous étudierons dans le chapitre suivant est que le premier n'est pas rémunéré alors que le second reçoit un intérêt annuel, le coupon.

Si l'émission est réalisée gratuitement, aucune écriture comptable n'est enregistrée ; si elle conduit au versement de fonds à la société, le compte « Banque » augmente, parallèlement au compte « Primes liées au capital social ». Deux hypothèses se présentent alors en ce qui concerne l'exercice des bons, c'est-à-dire une augmentation de capital par leur transformation en actions : ou bien l'exercice n'a pas lieu parce que le prix fixé est considéré comme trop élevé par rapport à la vraie valeur de l'action et alors aucune écriture n'est passée ou bien l'exercice a lieu et les comptes « Banque », « Capital social », pour sa valeur nominale, et « Primes liées au capital social » augmentent pour leurs montants respectifs.

ATTENTION !

En cas d'augmentation de capital par exercice de bons de souscription d'actions, les droits préférentiels de souscription sont nécessairement abandonnés.

III. LA RÉPARTITION DU RÉSULTAT ET LA CONSTITUTION DES RÉSERVES

ATTENTION !

Le calcul de la participation des salariés aux résultats de l'entreprise et de l'impôt se fait sur le résultat fiscal et non sur le résultat comptable. En effet, le résultat comptable fait l'objet d'ajustements : réintégrations (essentiellement des charges entrées dans les comptes, mais non acceptées fiscalement) et déductions (essentiellement des charges non comptabilisées, mais considérées fiscalement comme déductibles).

La « Participation des salariés » constitue un « intéressement » aux résultats de leur entreprise. Ce mécanisme s'applique obligatoirement dans toutes les entreprises ayant employé, en moyenne, au moins 50 personnes au cours de l'exercice. La formule du calcul de la réserve de participation, normalement, bloquée, pendant cinq ans, soit dans un plan d'épargne salariale soit dans un fonds d'investissement, est la suivante :

Éclairage

Dans les six mois qui suivent la clôture d'un exercice comptable, l'assemblée générale des associés doit décider de la répartition du résultat net, c'est-à-dire du résultat comptable avant impôt diminué de la participation des salariés aux résultats de l'entreprise et de l'impôt sur les bénéfices.

½ [B – 5 % C] x S/VA, avec :

– B : bénéfice « net » de l'entreprise
– C : capitaux propres de l'entreprise
– S : montant total des salaires de l'entreprise
– VA : valeur ajoutée dégagée par l'entreprise (voir chapitre 8)

D'un point de vue comptable, lorsqu'il est constaté, le montant de la participation est enregistré dans un compte de charges « Participation des salariés aux résultats », en contrepartie de quoi est constatée une dette, « Participation des salariés (réserve spéciale) » pour le montant net, c'est-à-dire déduction faite des prélèvements sociaux. Quand les fonds sont gérés dans un plan d'épargne, versés à un organisme chargé de les placer, le compte « Banque » diminue et le compte de dette « Participation des salariés (réserve spéciale) » disparaît. Si l'entreprise gère elle-même le plan d'épargne, c'est un autre compte de dette qui apparaît : « Personnel – Plan d'Épargne Entreprise ». Si les fonds sont affectés à un fonds d'investissement, c'est alors un compte d'emprunt à long terme qui est créé, « Participation des salariés, Fonds de participation ». Au moment du versement de la participation aux salariés, le compte de dette « Participation » disparaît et le compte « Banque » diminue.

Les sociétés de personnes, les entreprises individuelles à responsabilité limitée et les entreprises unipersonnelles à responsabilité limitée sont, de droit, redevables de l'impôt sur le revenu, ce qui signifie que l'impôt sur les bénéfices réalisés est payé par chaque associé. Les autres sociétés sont redevables, de droit, de l'impôt sur les actions, mais les sociétés à responsabilité limitée peuvent opter pour l'impôt sur le revenu. Le taux de l'impôt sur le revenu (IR) dépend du niveau de revenu de l'associé. En revanche, l'impôt

Éclairage

L'impôt sur les bénéfices à payer dépend de la nature juridique de la société.

sur les sociétés (IS) présente un certain nombre de caractéristiques qu'il nous semble intéressant de présenter.

Le taux, normal ou réduit, de l'impôt sur les sociétés varie en fonction du montant du chiffre d'affaires. De 2012 à 2015, une contribution exceptionnelle de l'impôt sur les sociétés, due à partir d'un certain chiffre d'affaires, a été instaurée. Dorénavant, toute entreprise soumise à l'IS et qui clôt son exercice comptable fin décembre d'une année doit déclarer son résultat au plus tard le 15 mai suivant. Sauf s'il s'agit de son premier exercice d'activité et si le montant de son impôt est inférieur à 3 000 €, elle doit commencer à verser cet impôt par l'intermédiaire de quatre acomptes, les 15 mars, 15 juin, 15 septembre et 15 décembre de l'année au cours duquel se forme le résultat. À part pour les très grandes entreprises pour lesquelles s'appliquent des règles spéciales, chaque acompte est égal à 25 % de l'IS payé sur les bénéfices de l'exercice précédent. Le solde de l'impôt doit être versé avant le 15 mai de l'année suivant la fin de son exercice. Dans la réalité, le premier acompte du 15 mars est calculé à partir de l'impôt payé l'antépénultième année puisque le montant dû sur l'année précédente n'est pas encore connu, l'entreprise ayant jusqu'au mois de mai pour clôturer ses comptes. Un ajustement a lieu lors du deuxième acompte du 15 juin, de telle sorte que la somme des deux premiers acomptes représente 50 % du montant de l'impôt payé l'année précédente.

Pour les sociétés réalisant un chiffre d'affaires annuel inférieur à 7 630 000 €, le taux de l'IS est de 15 % sur les premiers 38 120 € de bénéfices et de 33 1/3 % sur le surplus, ce dernier taux étant également celui qui frappe les sociétés dont le chiffre d'affaires annuel est supérieur à 7 630 000 € (plus une contribution supplémentaire de 10,7 %, jusqu'au 31 décembre 2015, sur le montant de l'impôt pour les entreprises déclarant un chiffre d'affaires supérieur à 250 millions d'euros et payée en même temps que le solde de l'IS).

Au niveau comptable, les acomptes sont enregistrés en tant que créances dans un compte de tiers « État, Impôt sur les bénéfices » (et surtout pas dans un compte de charges) à chaque fois qu'un versement est effectué, en contrepartie du compte « Banque » qui diminue. À la fin de l'exercice, le montant de l'IS de l'exercice est enregistré dans le compte de charges non déductible « Impôt sur les bénéfices » et la dette correspondante dans le compte de tiers « État, Impôt sur les bénéfices ». De ce fait, dans ce dernier compte apparaît le solde à payer (différence entre la dette et les acomptes) ou le surplus que l'État remboursera à la société (si les acomptes ont été supérieurs à l'impôt dû). Ce compte sera définitivement soldé en contrepartie du compte « Banque » lorsque soit la somme restant due sera acquittée par l'entreprise soit lorsque la somme payée en trop sera reversée par le Trésor public.

ATTENTION !

Il ne faut pas confondre le compte de charges « Impôt sur les bénéfices » qui enregistre le montant de l'IS de l'exercice et le compte de tiers « État, Impôt sur les bénéfices » qui enregistre les créances correspondant aux acomptes IS payés par l'entreprise et la dette définitive de l'IS de l'année.

On sait que le résultat net figure au passif du bilan, dans le compte « Résultat de l'exercice ». Deux situations peuvent se présenter : le résultat est une perte ou un profit.

S'il s'agit d'une perte, ce compte apparaît avec le signe moins et est soldé soit par le compte « Report à nouveau » qui apparaît, lui aussi, au passif avec le signe moins, soit par une diminution des réserves précédemment constituées.

Éclairage

Lorsque l'assemblée générale des associés se réunit, dans les six mois qui suivent la fin de l'exercice, il lui faut procéder à la répartition du résultat net (après impôt dans le cas d'un bénéfice).

ATTENTION !

Une société ne peut pas avoir, en raison de pertes, des capitaux propres dont le montant est inférieur à la moitié du montant de son capital social. Sinon, elle doit soit revenir, dans un délai maximum de deux ans à cette moitié du capital social (grâce à des profits non distribués ou par une augmentation de capital) soit, toujours dans les deux ans, procéder à une réduction de son capital d'un montant au moins égal à celui de ses pertes non imputées sur ses réserves.

S'il s'agit d'un profit, le compte « Résultat de l'exercice » apparaît avec le signe plus. Le profit entre dans les sommes distribuables et s'ajoute aux réserves distribuables (les « Réserves libres » moins les pertes antérieures) provenant des profits non distribués des années précédentes, mais pas les réserves obligatoires (légales, statutaires, réglementées, fiscales). L'assemblée générale des associés décide d'affecter d'abord la somme distribuable à la réserve légale (à hauteur de 5 % du bénéfice net, opération qui se reproduit chaque année jusqu'à ce que cette réserve représente 10 % du capital social), puis, successivement, aux réserves statutaires (c'est-à-dire prévues dans les statuts), au premier dividende (lui aussi fixé dans les statuts), aux réserves libres ou autres réserves (fixées par l'assemblée générale), au superdividende (lui aussi fixé par l'assemblée générale), au dividende majoré qui peut être attribué, dans une limite maximum de 10 %, aux actions détenues depuis plus de deux ans sous forme nominative. S'il reste un surplus, souvent dû aux arrondis, il est inscrit dans le compte « Report à nouveau ».

D'un point de vue comptable, le résultat de l'exercice est soldé par les différents comptes de « Réserves », le compte « Report à nouveau », considéré comme une réserve et par le compte de dette « Associés, dividendes à payer », lui-même soldé par le compte « Banque » lorsque les dividendes seront payés, dans les neuf mois de la clôture des comptes.

ATTENTION !

Le montant des réserves qui apparaît à la fin d'un exercice n'est pas le montant constitué dans l'année, mais la somme des réserves constituée depuis le début de l'existence de la société. De plus, les réserves ne constituent en aucune façon des liquidités puisque, d'une part, le résultat n'est pas forcément lui-même liquide, et, d'autre part, elles ne proviennent que d'écritures comptables.

astuce

Dans le bilan, les dividendes versés au cours de l'exercice N sur l'exercice précédent N – 1, n'apparaissent plus puisqu'ils ont été versés avant la clôture des comptes. Il existe deux solutions pour en connaître cependant le montant : la méthode directe qui consiste à regarder dans l'annexe 11 de la liasse fiscale, dans le tableau de l'affectation du résultat de l'exercice précédent, la ligne dividendes, et la méthode indirecte qui consiste à regarder dans le bilan, au passif, le résultat de l'exercice N – 1 et de lui retrancher la différence entre la somme des réserves de l'exercice N et la somme des réserves de l'exercice N – 1 (en s'assurant qu'aucune parie des réserves n'ait diminué en ayant été incorporée au capital).

➤ Chapitre 5
Les capitaux empruntés

Ce que vous allez apprendre

- Les formes d'emprunts à long terme
- La différence entre une dette et une charge
- Les diverses valeurs d'une obligation
- La rémunération d'une obligation
- La comptabilisation d'un emprunt et de sa rémunération
- Les caractéristiques d'une obligation convertible

Les capitaux propres d'une entreprise ne lui permettent pas de couvrir l'ensemble de ses besoins de financement à long terme créés par la nécessité d'investir. Aussi doit-elle s'engager dans des opérations d'endettement à long terme auprès de tiers. En laissant de côté les emprunts auprès d'individus qui n'existent que dans de toutes petites entreprises, nous nous intéresserons aux emprunts auprès d'établissements de crédit, aux emprunts obligataires et à une catégorie particulière de ces emprunts obligataires, les emprunts convertibles.

I. LES EMPRUNTS AUPRÈS D'ÉTABLISSEMENTS BANCAIRES

Dans des proportions que nous envisagerons dans le chapitre 9 et qui sont d'autant plus drastiques que l'entreprise n'a pas encore fait ses preuves, que la responsabilité des associés est protégée par sa nature juridique parce que leur responsabilité est limitée à leurs apports et que ses capitaux propres sont faibles, une firme peut s'adresser à un établissement de crédit (la plupart du temps une banque ou une institution spécialisée dans la distribution de prêts de financement des investissements) pour réaliser un emprunt à moyen ou long terme, donc à plus de deux ans, les crédits à une échéance inférieure relevant des dettes à court terme que nous examinerons dans le chapitre 7.

Le Plan Comptable Général ne classe pas de manière différenciée les emprunts selon leur échéance. Ainsi, il existe seulement deux comptes de dettes « Emprunts et dettes auprès des établissements de crédit » et « Emprunts et dettes financières divers » dans lesquels sont enregistrés tous les emprunts effectués par l'entreprise. Ce traitement constitue un handicap certain lorsque l'on veut procéder à une analyse financière qui nécessite une distinction entre les emprunts à long terme et ceux à court terme. Deux solutions existent pour avoir une idée un peu plus précise des échéances de ces dettes. D'une part, en bas du passif, une note précise, pour le compte « Emprunts et dettes auprès des établissements de crédit », le montant des « Concours bancaires courants et soldes créditeurs de banques et CCP », c'est-à-dire des crédits de trésorerie et des « découverts », nécessairement à court terme. D'autre part, dans l'annexe 8, « Échéances des créances et des dettes à la clôture de l'exercice », est indiquée la durée restant à courir jusqu'à l'échéance des dettes (à un an au plus, à plus d'un an et cinq ans au plus, à plus de cinq ans).

Lors de l'obtention du prêt, les comptes « Banque » et « Emprunts et dettes auprès des établissements de crédit » augmentent. À mesure qu'il est remboursé, ces deux comptes diminuent.

ATTENTION !

Les intérêts sur les emprunts sont comptabilisés dans le compte de charges « Charges financières ». S'ils sont payés immédiatement, ils conduisent à une diminution du compte « Banque ». S'ils ne le sont pas ou s'ils concernent l'exercice en cours, mais n'ont pas encore été payés à la clôture de l'exercice, en raison du principe d'indépendance des exercices, la charge est comptabilisée (voir chapitre 7) en contrepartie d'un sous-compte du compte « Emprunts et dettes auprès des établissements de crédit », « Intérêts courus sur emprunts auprès des établissements de crédit », qui disparaîtra au moment du paiement de ces intérêts.

II. LES EMPRUNTS OBLIGATAIRES

On doit distinguer la comptabilisation au moment de l'émission de l'emprunt obligataire et au moment de son remboursement.

Éclairage

Un emprunt obligataire est un emprunt émis sous forme d'obligations, titres négociables ayant les mêmes droits de créance et la même valeur nominale.

astuce

Le détenteur d'une obligation est appelé un obligataire.

La comptabilisation de l'émission d'un emprunt obligataire doit prendre en considération les trois valeurs d'une obligation : la valeur nominale, la valeur d'émission et la valeur de remboursement :
– la valeur nominale est la valeur sur laquelle est calculé l'intérêt annuel du titre, le coupon. Cette valeur est librement fixée par l'émetteur ;
– la valeur d'émission correspond au montant payé par le souscripteur pour acquérir une obligation lorsque l'emprunt est lancé. Si la valeur d'émission est égale à la valeur nominale, on dit que l'émission est effectuée « au pair » ; si elle lui est inférieure, l'émission est réalisée « en dessous du pair », le souscripteur bénéficiant, alors, d'une prime d'émission égale à la différence entre la valeur nominale et la valeur d'émission (à ne pas confondre avec la prime d'émission sur les actions à l'occasion d'une augmentation de capital, déjà étudiée) ;
– la valeur de remboursement représente le prix versé par l'émetteur au détenteur de l'obligation à l'échéance de celle-ci, lors de son « amortissement ». Si la valeur de remboursement est égale à la valeur nominale, le rembour-

sement est effectué « au pair » ; si elle lui est supérieure, le remboursement est réalisé « au-dessus du pair », l'obligataire bénéficiant, alors, d'une prime de remboursement.

ATTENTION !

Le remboursement peut être effectué, au gré de l'émetteur, in fine, en une fois, à l'échéance de l'emprunt (il coûte alors cher car les intérêts courent sur toute la durée de l'emprunt) ou par tranches, le plus souvent sous forme d'annuités constantes, c'est-à-dire avec une somme remboursement plus intérêts égale tous les ans. Comme les intérêts sont plus élevés lorsqu'il y a beaucoup d'obligations, le remboursement est faible au début de l'emprunt et augmente à mesure que les intérêts diminuent. Le coût de l'emprunt est, donc, plus faible, mais sa gestion plus complexe puisque les obligations remboursées chaque année doivent être tirées au sort.

Le montant à rembourser correspond à la dette enregistrée dans le compte « Autres emprunts obligataires » et le montant perçu au moment de l'émission dans le compte « Banque » (ou, de façon transitoire, dans l'attente du versement effectif, dans un compte de créances). Les deux primes, d'émission et de remboursement, sont à la charge de l'entreprise émettrice. Mais, il n'y a pas de raison qu'elles soient supportées sous forme de charges uniquement sur l'année de l'émission. Aussi sont-elles inscrites à l'actif du bilan dans un compte unique « Primes de remboursement des obligations », amorties sur toute la durée de l'emprunt (voir chapitre suivant). La solution est la même pour les « Frais d'émission d'emprunts à étaler ».

astuce

Les deux postes de l'actif « Primes de remboursement des obligations » et « Frais d'émission d'emprunts à étaler » constituent de « l'actif fictif » (voir chapitre 10 sur l'évaluation de l'entreprise).

ATTENTION !

Comme pour une action, la valeur « marchande » d'une obligation n'apparaît pas dans le bilan de l'entreprise.

La rémunération des obligations constitue une charge financière et répond aux mêmes principes d'enregistrement que les intérêts versés à des établissements de crédit. Le taux d'intérêt peut être fixe, identique pendant toute la durée de vie des obligations, ou variable. Dans ce dernier cas, le taux utilisé suit l'évolution d'un taux de référence, choisi par l'émetteur, auquel est ajoutée une marge qui est fonction du risque que l'entreprise présente. Deux types de taux variable sont envisageables : un « vrai » taux variable, calculé et connu à la fin de chaque période sur laquelle l'intérêt s'applique, quelques jours avant le détachement (c'est-à-dire le paiement) du coupon (taux post-compté) et un taux révisable connu dès le début de chaque période (taux précompté).

ATTENTION !

Il ne faut pas confondre l'amortissement d'un emprunt (son remboursement) qui constitue une diminution de sa dette, donc d'un élément du passif, et le paiement des intérêts qui est une charge.

III. LES EMPRUNTS CONVERTIBLES

Éclairage

Les obligations convertibles sont des obligations classiques sur lesquelles vient se greffer une possibilité d'achat d'actions ouverte au porteur.

La conversion est effectuée en fonction d'une certaine parité qui est ajustée dans le cas où d'autres opérations sont réalisées sur le capital social entre l'émission et l'exercice de ces titres, et est librement décidée par l'obligataire selon des modalités prévues dès l'émission de l'emprunt concernant le prix et la période de la conversion. Ainsi, en possédant ces titres, le créancier d'une société a la possibilité de transformer, plus tard, son statut d'obligataire en celui d'actionnaire si la situation de l'entreprise lui semble intéressante au moment de la conversion.

En raison de l'étalement dans le temps de la période de conversion fixée librement par l'émetteur, le plus souvent dans les 5 ans maximum après l'émission, et des difficultés qu'elle fait naître, la décision de lancer un emprunt convertible par une assemblée générale extraordinaire est la plupart du temps accompagnée par le vote de l'abandon du droit préférentiel de souscription par les actionnaires en place.

ATTENTION !

Le prix d'émission des obligations ne peut être inférieur à la valeur nominale des actions de la société.

Une prime de remboursement est souvent prévue pour être versée dans le cas où l'obligataire refuserait la transformation de ses obligations en actions. En effet, à l'échéance de l'emprunt, les obligations non converties sont remboursées. Quant à l'augmentation de capital, elle est effectuée à mesure des conversions, ce qui déroge au principe de fixité du capital. La conversion est demandée par les obligataires lorsque le cours de l'action dans la période d'exercice est supérieur à la somme actualisée de la valeur d'émission de l'obligation et du prix d'exercice (ou à la valeur d'émission, très supérieure à la valeur de l'action au moment du lancement des titres, si aucun prix d'exercice n'est prévu).

D'un point de vue comptable, l'émission des titres convertibles est comptabilisée de la même manière que l'émission d'obligations classiques, la seule différence étant l'utilisation du compte « Emprunts obligataires convertibles » au lieu du compte « Autres emprunts obligataires ». Lorsqu'il y a conversion des obligations en actions, le compte « Emprunts obligataires convertibles » diminue en contrepartie de l'augmentation du compte « Capital social ». Si des primes de conversion sont versées, un compte « Primes de conversion d'obligations en actions », dans les capitaux propres, est créé, en contrepartie du compte « Banque » qui augmente du même montant.

astuce

La comptabilisation est identique dans le cas d'obligations remboursables en actions, titres dont la conversion en actions est, comme leur nom l'indique, obligatoire.

➤ Chapitre 6
Les immobilisations

Ce que vous allez apprendre

- Les différentes catégories d'immobilisations
- La raison d'être des amortissements des immobilisations
- Les méthodes d'amortissement
- La comptabilisation des amortissements
- La comptabilisation des cessions d'actifs amortissables

À partir du moment où elle dispose de fonds à long terme suffisants, une entreprise peut se lancer dans sa politique d'investissement (mot économique représentatif d'une notion de flux), c'est-à-dire dans l'acquisition d'immobilisations (mot comptable exprimant une notion de stock) nécessaires à son activité.

Les immobilisations se classent en trois catégories :
- les immobilisations corporelles qui sont des « actifs physiques » (des biens) ;
- les immobilisations incorporelles qui sont des « actifs non monétaires sans substance physique » (des droits) ;
- les immobilisations financières qui sont des « actifs financiers » (des titres).

Nous commencerons donc par nous intéresser aux acquisitions d'immobilisations (sans nous occuper ici de l'influence de la TVA que nous traiterons dans le chapitre suivant). Nous continuerons en expliquant le rôle et la comptabilisation des amortissements. Nous terminerons en envisageant la cession des immobilisations amortissables.

Éclairage

Pour pouvoir être considéré comme une immobilisation, l'élément concerné doit rassembler les quatre conditions suivantes, à défaut de quoi il doit être considéré comme une charge :
- être identifiable ;
- être évaluable avec une fiabilité suffisante ;
- contribuer, directement ou indirectement, à générer des flux nets futurs de trésorerie pour l'entreprise ;
- être utilisé pendant plus d'un exercice pour permettre à l'entreprise de produire des biens, de fournir des services ou de le louer à des tiers.

I. LES ACQUISITIONS D'IMMOBILISATIONS

Le coût d'entrée (hors taxes) des immobilisations dans le bilan correspond à leur valeur historique, représentée par leur :
- coût d'acquisition (prix d'achat plus frais d'acquisition) si elles ont été achetées ;
- coût de production si elles ont été fabriquées par l'entreprise elle-même ;
- valeur vénale (prix de vente) si elles lui ont été données à titre gratuit.

ATTENTION !

L'utilisation de la valeur historique souffre d'une exception, quand l'entreprise réévalue les éléments dont elle est propriétaire. Le procédé de la réévaluation consiste à tenir compte de la hausse des prix pour établir la valeur brute de ces biens. En raison de ses conséquences fiscales, l'entreprise devant régler l'impôt sur les plus-values dès leur enregistrement et non au moment de la cession des immobilisations, ce système n'est utilisé que rarement, par exemple lorsqu'une cession de l'entreprise est envisagée (pour éviter à l'acquéreur de payer les impôts afférents à une partie des plus-values de la cession). D'un point de vue comptable, l'augmentation de la valeur brute des immobilisations est effectuée en contrepartie de la création du compte « Écarts de réévaluation » qui apparaît au passif du bilan, dans les capitaux propres.

Les immobilisations incorporelles comprennent des éléments très divers. Elles rassemblent :
– les « Frais d'établissement », correspondant aux frais engagés par une entreprise pour sa constitution ou à l'occasion d'une augmentation de capital (droits d'enregistrement, honoraires, frais de publicité légale) et aux primes d'émission sur les obligations d'un emprunt… Comme leur nom l'indique, ces immobilisations sont, normalement, des charges qui devraient s'appliquer à l'exercice au cours duquel ils sont engagés. Mais, comme elles conditionnent la vie même de l'entreprise et représentent souvent un montant élevé, il peut être décidé de les considérer comme un actif amortissable, au maximum sur 5 ans, dans le compte « Frais d'établissement » ;

astuce

D'un point de vue financier, les frais d'établissement sont appelés actif fictif : lors de l'évaluation de l'entreprise, leur valeur doit être considérée comme nulle (voir chapitre 10).

ATTENTION !

Tant que les frais de constitution apparaissent dans le bilan, aucune distribution de dividendes ne peut avoir lieu. Il n'en est pas de même pour les frais d'augmentation de capital, même s'il en existe toujours : des dividendes peuvent être distribués si des réserves libres ont déjà été constituées pour un montant au moins équivalent à ces frais.

– les « Frais de recherche et de développement » qui, comme les « Frais d'établissement », sont, normalement des charges. En raison de leur importance et de leur influence probable pour l'avenir de l'entreprise, celle-ci a la possibilité de les considérer comme des actifs et de les amortir. Si la recherche ne conduit pas à des règlements à des tiers, mais est effectuée par l'entreprise elle-même, ce compte a comme contrepartie le compte de produits « Production immobilisée » ;

astuce

À la différence des frais d'établissement, les frais de recherche et de développement ne constituent pas de l'actif fictif, mais représentent une valeur certaine en raison de leur influence future. Cependant, ils nécessitent également d'être couverts par des réserves libres pour permettre la distribution de dividendes avant leur disparition.

– les « Concessions et droits similaires, brevets, licences, marques, procédés, logiciels, droits et valeurs similaires » ;
– le « Droit au bail » qui correspond au montant versé par un nouveau locataire à l'ancien locataire pour continuer de bénéficier des avantages antérieurement accordés par le propriétaire des locaux loués ;
– le « Fonds commercial », expression comptable du fonds de commerce, constitué par les éléments immatériels de l'exploitation de l'entreprise (nom, emplacement, achalandage, clientèle, organisation...). Sa valeur est égale à la différence entre le prix d'achat de l'entreprise et la somme de ses éléments constitutifs apparaissant dans le bilan (survaleur ou « goodwill », voir chapitre 10) ;
– les « Autres immobilisations incorporelles » ;
– les « Avances et acomptes sur immobilisations incorporelles ».

ATTENTION !

Ces éléments ne sont enregistrés en tant qu'immobilisations qu'à partir du moment où ils ont été achetés. En effet les biens loués ne font pas partie du patrimoine de l'entreprise, mais entrent dans le bilan de leurs propriétaires. De même, des brevets, provenant de l'entreprise et déposés par elle, ne constituent pas une immobilisation. De manière identique, la valeur d'un fonds de commerce créé par l'entreprise n'apparaît pas dans le bilan, même si l'on estime qu'il a une grande valeur. Si l'on souhaite que celle-ci soit inscrite dans le bilan, il faudra payer l'impôt sur la plus-value enregistrée.

Les immobilisations corporelles sont également nombreuses. Elles sont comptabilisées, au moment du transfert de leur contrôle, et non lors du transfert

juridique de leur propriété, dans les comptes concernés de l'actif immobilisé suffisamment explicites :
– « Terrains » bâtis et non bâtis ;
– « Agencements et aménagements de terrains » ;
– « Constructions (bâtiments, installations générales, agencements, aménagements des constructions) » ;
– « Installations techniques, matériels et outillages industriels et commerciaux » ;
– « Autres immobilisations corporelles » (installations générales, agencements, aménagements divers, matériels de transport, matériels de bureau et informatique, mobilier, emballages récupérables) ;
– « Avances et acomptes sur immobilisations corporelles ».

Au niveau comptable, si un acompte est versé au moment de la commande, un compte de créance est créé, « Avances et acomptes sur commandes d'immobilisations corporelles », compte qui est soldé dès la réception de la facture et dont le montant vient en déduction de la dette envers le fournisseur de l'immobilisation, enregistrée dans le compte « Fournisseurs d'immobilisations », lui-même soldé au moment du règlement.

astuce

Afin d'éviter la complexité technique des amortissements entraînée par l'étalement sur plusieurs années de la charge d'immobilisations corporelles de faible montant (moins de 500 € hors taxes), celles-ci peuvent être comptabilisées pour leur totalité en tant que charge sur leur année d'acquisition dans le compte « Achats non stockés de matières et fournitures ». Cette disposition s'applique essentiellement aux petits matériels, aux mobiliers et aux logiciels.

Si l'entreprise, de par sa propre activité, est en mesure de produire pour elle-même des immobilisations corporelles (ce qui est surtout le cas dans le secteur du bâtiment et des travaux publics), elle augmente, au coût de production supporté, le compte « Immobilisations corporelles en cours » à mesure de l'avancement des travaux, en contrepartie du compte de produits « Production immobilisée », ce qui a pour effet de compenser les charges correspondantes supportées. Lorsque la construction est achevée, le compte « Immobilisations corporelles en cours » est soldé en contrepartie de la création du compte d'immobilisations concerné.

ATTENTION !

Si certains éléments d'une immobilisation ont « des utilisations différentes ou fournissent à l'entreprise des avantages économiques selon un rythme différent », il est obligatoire de procéder à la décomposition de ces immobilisations, c'est-à-dire de les comptabiliser et les amortir de manière séparée. Cette règle intéresse surtout les dépenses de gros entretien.

Les comptes d'immobilisations financières se divisent en :
– « Titres de participation ». Ce compte enregistre la valeur des titres, cotés ou non, détenus suffisamment de temps par l'entreprise sur d'autres entreprises pour avoir le pouvoir d'y exercer une influence ou d'en assurer le contrôle, quelle que soit la part du capital détenue ;

ATTENTION !

Le compte « Titres de participation » ne doit pas être confondu avec le compte de trésorerie « Valeurs mobilières de placement » qui comptabilise, en particulier, les actions et, surtout, les obligations, les autres placements à court terme, comme les créances négociables détenues directement par l'entreprise, les placements collectifs (SICAV, FCP), les placements bancaires à terme détenus par l'entreprise en vue « de réaliser un gain à brève échéance », c'est-à-dire d'optimiser sa trésorerie.

– « Créances rattachées à des participations ». Ce compte enregistre toutes les créances de l'entreprise dans d'autres entreprises dans lesquelles elle détient des participations ;
– « Titres immobilisés » autres que les titres immobilisés de l'activité de portefeuille (droits de propriété). Ce sont des parts du capital que l'entreprise possède sur d'autres entreprises et qu'elle a l'intention de détenir un certain temps ;
– « Titres immobilisés » (droits de créance). Il s'agit essentiellement d'obligations que l'entreprise détient et qu'elle a l'intention de conserver durablement ;
– « Titres immobilisés de l'activité de portefeuille » définis comme permettant « l'activité consistant à investir tout ou partie de ses actifs dans un portefeuille de titres pour en retirer, à plus ou moins longue échéance, une rentabilité satisfaisante, sans intervention dans la gestion des entreprises dont les titres sont détenus » ;
– « Prêts ». Dans ce compte se trouvent tous les prêts, quelle que soit leur échéance, accordés par l'entreprise ;

astuce

L'échéance de ces prêts peut être trouvée dans l'annexe 8 de la liasse fiscale « État des échéances des créances et des dettes ».

– « Dépôts et cautionnements versés ». Il s'agit des dépôts de garantie versés par l'entreprise aux propriétaires de ses locaux, à ses fournisseurs de services comme EDF, GDF… Ces dépôts seront récupérés à la fin de la vie de l'entreprise ;

ATTENTION !

Ces dépôts et cautionnements ne doivent pas être confondus avec les comptes de charges qui enregistrent régulièrement le loyer, la consommation d'électricité ou de gaz… La valeur effective des dépôts et cautionnements doit être considérée comme quasiment nulle dans la perspective d'une évaluation de l'entreprise.

– « Actions propres ». On a déjà vu que ce compte enregistre les propres actions que la société a rachetées.

ATTENTION !

Si la société pense conserver ses titres peu de temps, elle place les actions propres dans un sous-compte de « Valeurs mobilières de placement ».

astuce

Le montant des immobilisations en début et en fin d'exercice, de même que les mouvements qui les ont concernées au cours de l'année (acquisitions, cessions, virements d'un compte à un autre…) sont présentés dans l'annexe 5 de la liasse fiscale.

II. LES AMORTISSEMENTS SUR LES IMMOBILISATIONS

Nous venons de voir que les immobilisations constituent des éléments d'actif. Mais, leur utilisation continue et le temps qui court qui les rend de plus en plus obsolètes conduisent à leur faire perdre de la valeur, donc à constater une charge pour l'entreprise qui, plutôt que d'attendre leur revente pour enregistrer la moins-value, a le droit de le faire à la fin de chaque exercice selon une procédure appelée amortissement.

Cette opération a lieu chaque année (comme la constatation des provisions, envisagée dans le chapitre suivant, et les écritures de régularisation, expliquées dans le chapitre 9), au moment de la clôture des comptes. Elle fait partie de ce que l'on a coutume d'appeler les écritures d'inventaire. Ces écritures présentent deux différences par rapport aux écritures qui sont passées tout au long de l'année : elles ne correspondent pas à des opérations réellement constatées et elles ne donneront jamais lieu à un règlement monétaire.

ATTENTION !

Les écritures d'inventaire font intervenir des charges et des produits calculés, c'est-à-dire, uniquement comptables, sans aucune implication monétaire.

Ces écritures expliquent la différence, présente ou future, entre le résultat comptable et le résultat monétaire sur laquelle nous avons déjà insisté. Pour être en mesure d'enregistrer toutes ces opérations, l'entreprise doit procéder à un inventaire physique extracomptable de l'ensemble des éléments d'actif dont elle est propriétaire. En effet, le principe selon lequel le bilan doit représenter « l'image fidèle » de l'entreprise nécessite de déterminer l'évaluation la plus exacte possible de son résultat de l'exercice et de son patrimoine à la clôture des comptes. Cette évaluation nette des éléments d'actif doit, en outre, suivre le « principe de prudence » dont l'application consiste à tenir compte des pertes probables, même si elles ne sont pas réalisées (moins-values latentes), mais à ne pas tenir compte des profits probables s'ils ne sont pas

Éclairage

À la clôture de chaque exercice, les entreprises doivent effectuer un inventaire extracomptable afin de procéder aux écritures d'inventaire (amortissements, provisions, régularisations) nécessaires pour que le bilan reflète l'image fidèle de l'entreprise.

réalisés (plus-values latentes). Ainsi, s'il subit une perte probable, l'élément d'actif est évalué au coût historique diminué de cette perte probable (amortissement ou provision) tandis que s'il bénéficie d'un profit probable, l'élément reste évalué à son coût historique.

astuce

Enregistrer chaque année les moins-values latentes et ne pas enregistrer les plus-values latentes constituent des avantages fiscaux pour les entreprises.

Un amortissement est défini comme la constatation d'une dépréciation irréversible et régulière de certaines immobilisations, due au temps, à l'usure ou à l'obsolescence, ce qui le différencie d'une provision, dépréciation réversible et irrégulière de certains éléments d'actif. Toutes les immobilisations sont amortissables, sauf les terrains, le droit au bail et le fonds commercial éléments dont la durée de vie ne peut être prévue avec précision et dont on estime que la valeur ne peut qu'augmenter avec le temps, les immobilisations en cours puisqu'elles ne sont pas encore mises en service et les immobilisations financières qui peuvent seulement donner lieu à des provisions.

Un amortissement remplit trois fonctions :

– évaluer la dépréciation annuelle d'une immobilisation afin d'obtenir la valeur résiduelle de celle-ci à la fin d'un exercice ;

– enregistrer la charge correspondant à la consommation intermédiaire que constitue l'amortissement annuel afin, à la fois, de l'intégrer dans le prix de revient des biens et services produits et vendus et d'en tenir compte dans le résultat de l'entreprise ;

– permettre, en partie, le remplacement, d'un point de vue financier, de l'immobilisation lorsqu'elle disparaîtra, grâce à la diminution annuelle du profit auquel il conduit, donc de l'impôt sur les bénéfices payé et des dividendes versés aux apporteurs du capital social.

La méthode d'amortissement qui reflète le plus fidèlement la réalité est la méthode de l'amortissement économique, c'est-à-dire l'amortissement annuel effectif des immobilisations concernées, variable en fonction de leur utilisation réelle (par l'intermédiaire des quantités produites ou du système des « unités d'œuvre » que définit la comptabilité analytique). Cependant, cette méthode est, dans la pratique, très difficile à appliquer, car elle ne permet de déterminer la part afférente à chaque année de la dépréciation qu'*a posteriori*, à la fin de la vie de

Éclairage

Il existe plusieurs méthodes d'amortissement.

l'immobilisation, au moment où l'on connaît le nombre total de biens qu'elle a permis de produire ou de vendre. Aussi, en dehors du cas des immobilisations dont la valeur est publiée par des organismes officiels qui servent de référence (par exemple les matériels de transport, en particulier les automobiles), utilise-t-on un amortissement « automatique », fonction de la durée anticipée d'utilisation de l'immobilisation. Soit l'entreprise fait sa propre prévision soit elle utilise les données fournies par l'administration fiscale quant à la durée de vie probable de chaque catégorie d'immobilisation (par exemple, 20 à 50 ans pour les constructions, 5 à 10 ans pour le matériel industriel et le matériel de bureau, 10 ans pour le mobilier de bureau...). Si elle opte pour la première solution, il lui faut, parfois, procéder à des calculs et des écritures d'ajustement pour respecter les normes fiscales.

Le pourcentage annuel de l'amortissement à pratiquer est exprimé sous forme d'un pourcentage égal à 100 divisé par le nombre probable d'années de vie de l'immobilisation. Appliqué à la valeur de l'immobilisation, ce pourcentage fournit le montant de la charge d'amortissement annuelle à constater, appelée « dotation d'amortissement ». La différence entre la valeur brute de l'immobilisation (sa valeur historique d'entrée dans le bilan) et le cumul de ses amortissements donne sa valeur nette comptable, également appelée valeur résiduelle. Toutes ces données figurent dans le tableau d'amortissement que l'entreprise doit dresser pour chaque immobilisation, dès son acquisition.

astuce

Pour éviter des calculs fiscaux complexes, les entreprises ont intérêt à utiliser la durée fiscale indiquée par le Code général des impôts pour chaque immobilisation.

Dans la méthode de l'amortissement linéaire, le taux d'amortissement est appliqué, chaque année, au coût historique hors taxes de l'immobilisation. Sont obligatoirement amortissables à taux constant les frais d'établissement et les frais de recherche et de développement. Peuvent l'être aussi les autres immobilisations si l'entreprise le désire. Mais, comme l'amortissement dégressif fiscal est plus intéressant pour elle, c'est ce dernier qui est habituellement retenu. On a déjà signalé que la date d'entrée dans l'entreprise, donc la date de départ de l'amortissement, est le jour de la mise en service et non le jour de la facture. De plus, la première année d'utilisation de l'immobilisation, l'amortissement est pratiqué *prorata*

Éclairage

Il existe deux méthodes principales d'amortissement : l'amortissement linéaire ou constant et l'amortissement fiscal dégressif.

temporis en nombre de jours, c'est-à-dire proportionnellement au nombre de jours pendant lesquels l'immobilisation a été utilisée au cours de cette première année. Il s'ensuit qu'un amortissement est pratiqué également *prorata temporis* une partie d'année supplémentaire afin que le nombre total prévu d'années d'amortissement soit respecté.

Dans la méthode de l'amortissement dégressif, le taux d'amortissement est appliqué, chaque année, sur la valeur résiduelle de l'immobilisation. L'inconvénient de cette méthode réside dans le fait que l'on ne parvient jamais à une valeur résiduelle nulle : l'immobilisation n'est jamais totalement amortie. L'administration fiscale propose une procédure qui permet d'éviter cet inconvénient qu'elle combine avec un système d'encouragement des investissements. D'une part, pour rendre les dotations, donc les charges déductibles, plus importantes au cours des premières années d'utilisation des immobilisations, des coefficients multiplicateurs sont appliqués aux taux d'amortissement. Ces coefficients sont les suivants : 1,25 % lorsque la durée de vie de l'immobilisation est de 3 ou 4 ans, 1,75 % lorsque la durée de vie de l'immobilisation est de 5 ou 6 ans, 2,25 % lorsque la durée de vie de l'immobilisation est supérieure à 6 ans.

astuce

Des coefficients majorés existent pour des matériels destinés à économiser l'énergie et pour des équipements de production d'énergie renouvelable.

D'autre part, pour rendre nulle la valeur résiduelle à la fin de la période prévue d'amortissement, un calcul à taux constant remplace le calcul à taux dégressif lorsque la dotation annuelle devient inférieure ou égale à la valeur résiduelle divisée par le nombre d'années restant à courir. Un autre aménagement est également apporté : le calcul *prorata temporis* se fait la première année, en nombre de mois (et non en nombre de jours, tout mois commencé étant considéré comme un mois entier, par exemple une mise en service le 24 janvier étant considérée comme ayant eu lieu le 1er janvier) et l'on n'applique pas une partie d'année supplémentaire.

La comptabilisation des amortissements fait intervenir un compte de charges « Dotations aux amortissements » et un compte transitoire « Amortissement des immobilisations ». En effet, l'enregistrement est indirect en ce sens que, chaque année, les amortissements se cumulent dans ce dernier compte, et ne viennent pas en déduction du compte « Immobilisations » concerné, pour en fournir le montant net.

ATTENTION !

Il existe deux exceptions au principe de l'amortissement indirect : l'amortissement est direct dans le cas des « Primes de remboursement des obligations » et des « Charges à répartir sur plusieurs exercices », ce qui signifie que ce sont ces deux comptes qui diminuent directement. Il s'ensuit que ces éléments d'actif apparaissent dans le bilan pour leur valeur nette.

L'avantage du procédé de l'amortissement indirect est de répondre à l'obligation de conserver en permanence la valeur historique de l'immobilisation. De plus, alors qu'ils devraient apparaître au passif du bilan, les amortissements sont inscrits, pour des questions de lisibilité, à l'actif, en déduction de la valeur historique des comptes d'immobilisations auxquels ils s'appliquent, afin d'en donner la valeur résiduelle.

astuce

Le montant des amortissements en début et en fin d'exercice, de même que les mouvements qui les ont concernés au cours de l'exercice et les méthodes utilisées sont présentés dans l'annexe 6 de la liasse fiscale.

Sauf pour les frais d'établissement, qui disparaissent en même temps que les amortissements afférents (les deux comptes étant alors soldés l'un par l'autre) à l'issue de la période d'amortissement, les autres immobilisations, même une fois totalement amorties, doivent demeurer avec une valeur résiduelle nulle dans le bilan de l'entreprise tant que celle-ci ne les a pas vendues, mises au rebut ou détruites.

ATTENTION !

Comme pour les provisions, il ne faut pas confondre le compte de charge calculée de l'exercice, « Dotation aux Amortissements », et le total des comptes « Amortissements des immobilisations » qui apparaissent à l'actif du bilan, en diminution de la valeur brute des immobilisations.

Comme nous l'avons déjà signalé, l'entreprise peut adopter un rythme d'amortissement comptable différent de celui fixé par l'administration fiscale. Si la dotation comptable est supérieure à la dotation fiscale autorisée, aucun enregistrement n'est passé, mais le résultat comptable devra être modifié pour obtenir le résultat fiscal (voir annexe 7 de la liasse fiscale). Inversement, si la dotation comptable est inférieure à la dotation fiscale autorisée, afin de ne pas perdre l'avantage fiscal autorisé, la dotation comptable souhaitée est enregistrée normalement. Le surplus pour parvenir à l'amortissement fiscal passe en charge dans le compte « Dotations aux amortissements exceptionnels des immobilisations », en contrepartie du compte de capitaux propres « Provisions réglementées, Amortissements dérogatoires ».

III. LA CESSION DES IMMOBILISATIONS AMORTISSABLES

astuce

Une cession d'immobilisation donne lieu à une comptabilisation particulière.

Les écritures afférentes à une cession d'immobilisations amortissables s'effectuent en quatre étapes :

– l'enregistrement du règlement : le compte « Banque » augmente du montant toutes taxes comprises de la vente en contrepartie d'un compte de dette de TVA (comme on le verra dans le chapitre suivant) et d'un compte de produits (nécessairement hors taxes) « Produits des cessions des éléments d'actif ». L'intérêt de cette procédure est d'enregistrer de manière séparée les flux des opérations, ce qui est indispensable pour l'établissement du tableau de financement (voir chapitre 9) ;

– la dotation d'amortissement *prorata temporis* afférente à l'année de la vente ;

– la réintégration des amortissements : comme les amortissements ont été, chaque année, comptabilisés dans le compte transitoire « Amortissements des Immobilisations », on solde ce compte lorsque l'immobilisation concernée disparaît de l'entreprise en réduisant pour le même montant le compte « Immobilisation » qui n'apparaît plus, alors, que pour sa valeur résiduelle ;

– le solde du compte « Immobilisation » : l'immobilisation étant sorti du patrimoine de l'entreprise, son compte doit être lui aussi soldé. On le diminue donc de sa valeur résiduelle en contrepartie d'un compte de charges exceptionnelles (nécessairement hors taxes) « Valeurs comptables des éléments d'actif cédés » dont l'intérêt apparaîtra également lorsque l'on traitera du tableau de financement dans le chapitre 9.

astuce

Lorsque l'immobilisation est cédée, la charge enregistrée chaque année dans les « Dotations aux amortissements » et la différence entre le produit de la vente « Produits des cessions des éléments d'actif » et la valeur résiduelle « Valeurs comptables des éléments d'actif cédés » qui ajuste la moins-value anticipée à la moins-value réelle, sont exactement égales à la différence entre le coût d'achat de l'immobilisation et son prix de vente. Ainsi, les amortissements, comme toutes les dépréciations, consistent simplement en une anticipation de pertes, autorisant l'entreprise à commencer, dès l'année de l'acquisition des immobilisations, à comptabiliser une partie des charges, donc à réduire ses impôts, sans attendre la cession de ces immobilisations pour enregistrer la moins-value effectivement réalisée.

ATTENTION !

Si l'immobilisation vendue a fait l'objet d'un amortissement dérogatoire, le compte déjà cité « Amortissements dérogatoires » doit être soldé par un compte de produits « Reprises sur provisions exceptionnelles ».

➤ Chapitre 7

Les actifs circulants et les dettes à court terme

Ce que vous allez apprendre

- La comptabilisation des stocks
- Les méthodes de paiement à crédit
- Le calcul et la comptabilisation de la TVA, tour à tour créance et dette et, en aucun cas, charge
- La différence entre charge et dette à partir de l'exemple de la comptabilisation de la paie
- La signification et la comptabilisation des provisions de passif
- La signification et la comptabilisation des provisions pour dépréciation des éléments d'actif
- La signification et la comptabilisation des créances et des dettes en nature

Outre ses investissements constitués par ses immobilisations et leur financement par des capitaux à long terme, sous forme tant de capitaux propres que de capitaux empruntés à long terme, l'entreprise assure un cycle d'exploitation dont le résultat dans le bilan se traduit, à l'actif, par des actifs circulants, et, au passif, par des dettes à court terme. Nous étudierons d'abord la comptabilisation des stocks, ensuite les créances et les dettes monétaires analysées conjointement dans la mesure où les tiers avec lesquels une entreprise a des relations peuvent être successivement débiteurs et créanciers, enfin les créances et les dettes en nature correspondant aux écritures d'inventaire de régularisation enregistrées à la fin de chaque exercice.

I. LES STOCKS

Dans le chapitre 3 consacré au compte de résultat, nous avons expliqué que la comptabilité française oblige les entreprises à ne pas tenir les stocks sous la forme d'un inventaire permanent, mais sous la forme d'un inventaire intermittent. Rappelons-en les principes et indiquons les comptes qui sont utilisés, à la fois dans le bilan et dans le compte de résultat, les provisions pour dépréciation pouvant être passées étant envisagées globalement dans la section traitant des créances.

Au début d'un exercice, l'inventaire extracomptable réalisé à la fin de l'exercice précédent, permet de connaître la valeur des stocks existants (à leur coût d'achat ou de production) qui apparaissent dans des comptes de stocks à l'actif du bilan : « Matières premières, approvisionnements », « Encours de production de biens », c'est-à-dire des biens dont la production n'est pas terminée à la clôture de l'exercice, « Encours de production de services », c'est-à-dire des services pour lesquels les travaux ne sont pas achevés, « Produits intermédiaires et finis », « Marchandises » (biens revendus dans l'état où ils ont été achetés).

ATTENTION !

Les comptes de stocks ne sont pas modifiés du début à la fin d'un exercice.

Tout au long de l'exercice, les achats et les ventes sont comptabilisés, hors taxes, comme nous l'expliquerons dans la section suivante, dans des comptes de charges (« Achats de marchandises » pour les activités commerciales et « Achats de matières premières et autres approvisionnements » pour les activités industrielles) et de produits (« Ventes de marchandises » pour les activités commerciales, « Production vendue de biens » pour les activités industrielles et « Production vendue de services » pour les activités de services).

Les opérations d'achats et de ventes donnent lieu à facturation, c'est-à-dire à l'établissement d'un document qui en justifie l'existence juridique et qui comporte les renseignements quantitatifs nécessaires au règlement et à l'enregistrement comptable. Fréquemment, on trouve, en complément du prix brut des biens ou des services achetés ou vendus, des réductions et/ou des augmentations.

La plupart du temps exprimées sous forme d'un pourcentage, les réductions sur les achats et les ventes bruts sont commerciales et/ou financières. Les réductions commerciales sont le rabais, la remise, la ristourne. Même si leur appellation est utilisée de manière assez laxiste dans le langage des professionnels, elles répondent à des définitions juridiques précises :
– un rabais est une réduction pour dédommager d'un défaut du bien ou d'une livraison non conforme à la commande ;
– une remise est une réduction accordée pour une commande effectuée en grande quantité ;
– une ristourne est une réduction accordée en fin de période pour des commandes effectuées en grande quantité au cours de la période. Quand ces réductions commerciales apparaissent sur la facture, les achats et les ventes sont enregistrés pour leur montant net, c'est-à-dire une fois déduites ces réductions.

Quand ces réductions commerciales sont accordées sur des factures d'avoir, l'enregistrement est un peu plus complexe. En effet, pour les achats, on fait intervenir un compte de charges, « Rabais, remises et ristournes obtenus sur achats » et pour les ventes un compte de produits, « Rabais, remises et ristournes accordés par l'entreprise ». Lors des écritures d'inventaire, le compte « Rabais, remises et ristournes obtenus sur achats » est soldé dans le compte « Achats » et le compte « Rabais, remises et ristournes accordés par l'entreprise » est viré dans le compte « Ventes ».

ATTENTION !

Les deux comptes « Rabais, remises et ristournes obtenus sur achats » et « Rabais, remises et ristournes accordés par l'entreprise » n'apparaissent jamais dans le compte de résultat dans lequel les achats et les ventes figurent pour leur valeur nette.

La réduction financière s'appelle l'escompte de règlement et consiste en une réduction pour un paiement comptant ou plus rapide que ce qui se passe habituellement dans la profession. Elle s'applique après les réductions commerciales. Qu'il figure sur la facture d'origine ou sur une facture d'avoir, l'escompte est enregistré de la même manière : dans le compte de charges financières « Escomptes accordés » dans le cas d'une vente et dans le compte de produits financiers « Escomptes obtenus » dans le cas d'un achat.

Les augmentations sur les achats et les ventes bruts concernent les frais de transport et les emballages. En ce qui concerne le transport, trois hypothèses peuvent se présenter :

– il est à la charge du vendeur et payé par lui. Il s'agit d'une écriture de charge qui est enregistrée dans le compte « Transports de biens » dans sa comptabilité. Aucune écriture n'est passée chez l'acheteur ;

– il est à la charge de l'acheteur et payé par lui. Il s'agit, là encore, d'une écriture de charge qui est enregistrée dans le compte « Transports de biens » dans sa comptabilité. Aucune écriture n'est passée chez le vendeur ;

– il est à la charge de l'acheteur, mais est payé par le vendeur. Ce dernier ajoute les frais de transport sur la facture, après toutes les réductions car il n'y a aucune raison d'appliquer celles-ci à un service assuré par un tiers, et annule la charge antérieurement constatée lors du règlement au transporteur. Quant à l'acheteur, il enregistre les frais de transport en tant que charge dans le compte « Transports de biens ».

En ce qui concerne les emballages, la comptabilisation dépend de leur nature. Les emballages récupérables identifiables sont des immobilisations enregistrées dans « Emballages récupérables » sous compte de « Autres immobilisations corporelles ». Ils sont donc amortissables et leur cession est comptabilisée comme pour toute immobilisation. En revanche, les emballages perdus ou récupérables non identifiables sont considérés comme des matières et apparaissent en stocks. Leur achat est enregistré dans le compte de charge « Emballages », sous compte de « Achats stockés – autres approvisionnements ». Leur cession est enregistrée dans un compte de produit « Autres produits d'activités annexes » sous compte de « Produits des activités annexes ». Lorsqu'elle consigne des emballages, une entreprise enregistre une opération qui n'a aucune influence sur son résultat : le compte d'actif « Clients » augmente en contrepartie de l'augmentation du même montant du compte de passif « Clients, dettes pour emballages et matériel consignés ». Si des emballages lui sont consignés, l'écriture est l'inverse : le compte de passif « Fournisseurs » augmente en contrepartie du compte d'actif « Fournisseurs, créances pour emballages et matériel à rendre ». Si les emballages sont rendus à un prix différent du prix de la consignation, l'entreprise qui a consigné enregistre la plus-value dans le compte de produit « Bonis sur reprises d'emballages consignés » sous compte de « Produits des activités annexes » et l'entreprise qui a rendu les emballages enregistre la moins-value dans le compte de charge « Malis sur emballages », sous compte de « Locations ».

À la fin de l'exercice, un nouvel inventaire extracomptable physique est effectué, permettant de recenser les quantités présentes dans l'entreprise, égales aux stocks initiaux du début d'exercice augmentés des entrées et diminués des sorties, mais tenant aussi compte des vols, des disparitions, des mises au rebut… de certains éléments de ces stocks. Une fois les quantités inventoriées, il faut les évaluer en termes monétaires. Différentes méthodes peuvent être utilisées pour ce faire :

– pour les biens qui peuvent être suivis individuellement (biens identifiables), on prend le coût réel d'entrée (coût d'acquisition ou coût de production) de chaque élément ;

– pour les biens qui ne peuvent être suivis individuellement (biens interchangeables), deux méthodes sont admises : la méthode du coût moyen pondéré et la méthode du premier entré, premier sorti (First In, First Out, FIFO, en anglais).

Rappelons ce que nous avons déjà expliqué dans le chapitre 1 en ce qui concerne la variation des stocks en indiquant son traitement comptable réel. La variation se mesure par la différence entre les stocks à la fin de l'exercice (stocks finaux) et les stocks au début de l'exercice (stocks initiaux) : si cette différence est positive, l'entreprise a constitué des stocks, on compense l'enregistrement en charges des achats non consommés en inscrivant la variation de stocks en produits. Si, à l'inverse, cette différence est négative, l'entreprise a consommé des stocks, on enregistre en charges la variation de stocks.

ATTENTION !

Pour des raisons de lisibilité du compte de résultat, les comptes « Variations de stocks de marchandises » et « Variations de stocks de matières premières et d'approvisionnements » sont toujours inscrits en charges. De ce fait, si ces variations représentent des constitutions de stocks, donc des produits, elles apparaissent toujours en charges, mais avec le signe moins. En revanche, le compte « Production stockée » qui enregistre les variations de stocks de produits fabriqués ou de services rendus par l'entreprise est toujours inscrit en produits. De ce fait, si ces variations représentent des consommations de stocks, donc des charges, elles apparaissent toujours en produits, mais avec le signe moins.

II. LES CRÉANCES ET LES DETTES À COURT TERME MONÉTAIRES

Lorsque les opérations d'achats ou de ventes se font à crédit, au lieu de passer par le compte « Banque » lors de l'envoi ou de la réception de factures de vente, on passe par des comptes de dettes « Fournisseurs » ou de créances « Clients ». Pour des questions de sécurité et de financement, ces opérations donnent fréquemment lieu à la création d'effets de commerce, les créances ordinaires étant transformées en créances mobilisables, c'est-à-dire cessibles à d'autres personnes. D'autres créanciers et débiteurs se retrouvent également dans le bilan d'une entreprise. Nous privilégierons le Trésor public, puis le personnel et les organismes sociaux.

Éclairage

Dans le monde des affaires, les règlements se font fréquemment à crédit : les fournisseurs accordent des délais de paiement à leurs clients.

En ce qui concerne les clients et les fournisseurs, les effets de commerce utilisés pour faire office de règlement à crédit sont au nombre de trois :
– les lettres de change (appelées « traites » dans le langage courant) : documents par lesquels une personne, le tireur (le fournisseur) demande à une autre personne, le tiré (le client) de s'engager à payer une certaine somme à une certaine échéance à un bénéficiaire (en général le tireur lui-même). À la réception d'une lettre de change, le tiré la signe pour acceptation et la renvoie au tireur ;
– les billets à ordre : documents par lesquels un tiers souscripteur (le client) s'engage à payer une certaine somme à une certaine échéance à un bénéficiaire (le fournisseur) ;
– les lettres de change-relevés (LCR) : documents composés d'une facture accompagnée d'une lettre de change papier que le client renvoie au fournisseur.

Celui-ci les remet à son banquier qui les transforme en information magnétique et les transmet au banquier de son client pour un règlement à l'échéance.

Pour les achats à crédit réglés par effets de commerce, la solution est simple car le client n'a qu'une seule solution : payer à l'échéance, quelle que soit, à ce moment-là, l'identité du bénéficiaire de l'effet. En effet, sur l'effet est portée la mention de la domiciliation, c'est-à-dire de l'organisme financier qui va payer au nom du tiré : celui-ci doit simplement prévenir cette institution de tous les effets à payer à une même date. D'un point de vue comptable, on passe simplement d'un compte « Fournisseurs » à un sous-compte « Fournisseurs, effets à payer » qui sera soldé au moment du paiement, en contrepartie de la diminution du compte « Banque ».

Pour les ventes à crédit, le début de l'enregistrement de l'opération est l'inverse de ce qui vient d'être présenté : on passe simplement d'un compte « Clients » à un sous-compte « Clients, effets à recevoir ». La suite est plus délicate car l'entreprise peut utiliser ses effets de commerce de trois manières différentes, conduisant chacune à des enregistrements comptables spécifiques :

– l'endos qui permet de se servir d'un effet pour régler l'un de ses propres fournisseurs. Quand cette procédure, rare, est utilisée, la dette envers le fournisseur diminue du montant de la lettre de change et le compte « Clients, effets à recevoir » diminue d'autant.

– la remise à l'encaissement auprès de sa banque quelques jours avant l'échéance afin que celle-ci encaisse les fonds pour son compte. En attendant la confirmation par la banque que le paiement a bien été effectué, on substitue au compte « Clients, effets à recevoir » un compte dont l'intitulé se rapproche plus de la réalité, « Effets à l'encaissement » qui est soldé lorsque la banque prévient qu'elle est bien en possession des fonds. L'établissement bancaire facture des commissions d'encaissement qui sont enregistrées dans un compte de charges « Services bancaires » et non dans un compte de charges financières, donc qui sont passibles de la TVA.

– l'escompte qui consiste à « vendre » un effet à sa banque pour disposer des fonds avant le terme normal. Là encore un compte transitoire est créé, « Effets à l'escompte », à la place du compte « Clients, effets à recevoir ». Ce compte est soldé dans le compte « Banque » lorsque l'entreprise reçoit l'avis de crédit lui indiquant que les fonds lui ont bien été imputés. Outre les commissions d'encaissement, des intérêts lui sont prélevés qui constituent des charges financières, « Intérêts bancaires ».

ATTENTION !

L'entreprise détentrice d'un effet de commerce court toujours le risque de ne pas être payé à l'échéance. Pour le calcul de la situation financière d'une entreprise, un traitement particulier est réservé aux « Effets escomptés non échus » (voir chapitre 9).

La plupart des opérations effectuées par une entreprise est grevée par la TVA, la taxe sur la valeur ajoutée. Il s'agit d'un impôt indirect sur la consommation, l'impôt le plus important dans notre pays. En sont exemptés les biens et services vendus à l'exportation, les timbres-poste, les actes médicaux, les services rendus par les particuliers, comme la location d'un immeuble, les activités de certaines associations, les intérêts bancaires... En revanche, les biens et services importés sont imposés à la TVA dès leur passage de la frontière.

ATTENTION !

Les entreprises exemptées de TVA sont passibles de la taxe sur les salaires.

Depuis le 1er janvier 2014, les trois taux de TVA sont :
– le taux normal de 20 % qui frappe la majorité des biens et des services ;
– le taux intermédiaire de 10 % qui concerne essentiellement la restauration, la vente de produits alimentaires préparés, les transports, les travaux de rénovation des logements ;
– le taux réduit de 5,5 % qui concerne les produits de première nécessité (biens alimentaires, énergie...), les spectacles vivants et les travaux d'amélioration énergétique dans les logements de plus de 2 ans.

Comme son nom l'indique, cet impôt frappe la valeur ajoutée sur chaque bien ou prestation de service vendu et non son prix de vente qui est le principe des taxes à cascades. Le fait générateur de la TVA, c'est-à-dire l'opération qui déclenche l'imposition, est, sauf exceptions, constitué par la livraison pour les ventes, l'encaissement pour les services et le dédouanement pour les importations. La méthode de calcul de la TVA retenue par l'administration fiscale et à la base de son enregistrement comptable repose sur deux considérations complémentaires :

– il est indifférent de calculer la taxe sur la valeur ajoutée directement par l'intermédiaire du taux de TVA appliqué au bénéfice réalisée lors de la vente du bien ou du service ou indirectement par l'intermédiaire de la différence entre le taux de TVA appliqué au prix de vente du bien ou du service et le taux de TVA appliqué au prix des consommations intermédiaires achetées par l'entreprise. Par exemple, un distributeur qui vend un produit 100 après l'avoir acheté 80 peut calculer sa TVA dont il est redevable soit directement (taux de la TVA x 20 €) soit indirectement (en faisant la différence entre le taux de la TVA x 100 € et le taux de la TVA x 80 €) ;

– il est impossible de calculer la TVA afférente à un bien ou service car l'entreprise ne peut connaître les consommations intermédiaires utilisées pour la fabrication ou la vente de chaque bien ou service pris individuellement. Le calcul est donc effectué globalement, une fois par mois ou par trimestre selon la taille de l'entreprise, par la différence entre la TVA frappant toutes les ventes de l'entreprise (TVA collectée dont elle est redevable) et la TVA frappant toutes ses acquisitions d'immobilisations et de charges (TVA déductible qu'elle a payée et qu'elle va pouvoir récupérer).

ATTENTION !

La TVA payée sur certains biens ou services n'est pas récupérable, par exemple l'essence ou l'achat et l'entretien de voitures de tourisme non nécessaires à l'exploitation de l'entreprise.

Ainsi, la TVA ne constitue pas une charge pour l'entreprise (c'est le consommateur final qui supporte la taxe, l'entreprise jouant simplement le rôle de percepteur pour le compte de l'État) puisque la taxe payée aux fournisseurs vient en déduction de l'impôt payé par les clients et perçu par l'entreprise. L'exemple suivant le démontre :

Prix d'achat HT	TVA déductible	Prix d'achat TTC	Prix de vente HT	TVA collectée	Prix de vente TTC	Bénéfice TTC	TVA due à l'État	Bénéfice HT
100	19,60	119,60	150	29,40	179,40	59,80	9,80	50

Le profit hors taxes sur la vente (50 €) est bien égal à la différence entre le prix de vente HT (150 €) et le prix d'achat HT (100 €) : la TVA est « neutre » d'un point de vue comptable, même si elle ne l'est pas financièrement puisque le paiement de la TVA déductible (au moment de l'achat des consommations intermédiaires) intervient quasiment toujours avant la réception de la TVA collectée (au moment de la vente).

astuce

La TVA est toujours calculée sur le montant hors taxes du bien ou du service. Si un prix est donné toutes taxes comprises, on obtient le montant hors taxes de la manière suivante : prix TTC divisé par (1 + pourcentage du taux de TVA). Ainsi un bien dont le prix est de 120 € TTC et imposé au taux normal de TVA de 20 % vaut hors taxes 120 € / (1 + 0,2) = 100 €, d'où une TVA de 100 € x 20 % = 20 € et un prix TTC de 100 € + 20 € = 120 €.

Quand une entreprise fait des achats, outre le compte d'immobilisations ou de charges qui augmente pour le montant hors taxes, le compte de trésorerie qui diminue ou le compte de dettes qui augmente pour le montant toutes taxes comprises, un sous-compte du compte de tiers « État et autres collectivités publiques » apparaît en tant que créance : « TVA déductible ».

Quand elle vend, outre le compte de produits qui augmente pour le montant hors taxes, le compte de trésorerie qui augmente ou le compte de créances qui augmente pour le montant toutes taxes comprises, un sous-compte du compte de tiers « État et autres collectivités publiques » apparaît en tant que dette : « TVA collectée ».

Éclairage

Au niveau comptable, le fait que la TVA n'est pas une charge présente trois conséquences importantes : elle n'est jamais enregistrée dans le compte de charges « Impôts, taxes et versements assimilés » ; elle est inscrite dans des comptes de tiers « État et autres collectivités publiques » ; toutes les charges et tous les produits apparaissent dans le compte de résultat pour leur montant hors taxes.

À la fin de chaque mois (ou de chaque trimestre pour les petites entreprises), l'entreprise procède à la « balance » de ses comptes de TVA : elle solde alors ses comptes « TVA collectée » et « TVA déductible ». Deux situations peuvent alors se présenter :

– TVA collectée > TVA déductible. L'entreprise a une dette vis-à-vis de l'État, enregistrée dans le compte de dettes « TVA à décaisser ». Le paiement de cette dette intervient, selon les départements, entre le 18 et le 22 du mois suivant ou du premier mois du trimestre suivant pour les petites entreprises : le compte de dette diminue, parallèlement au compte de trésorerie ;

– TVA collectée < TVA déductible. L'entreprise a une créance vis-à-vis de l'État, enregistrée dans le compte de créances « Crédit de TVA à reporter » et qui s'ajoutera à la TVA déductible du mois suivant. Si l'entreprise dégage, tous les mois, un crédit de TVA (par exemple parce qu'elle réalise ses ventes essentiellement à l'étranger ou parce qu'elle facture sa TVA à 5,5 % alors que ses approvisionnements sont grevés à 20 %), elle pourra obtenir le remboursement régulier de l'excédent de TVA qu'elle a payé.

ATTENTION !

Dans un bilan de fin d'exercice, on ne trouve plus les comptes « TVA collectée ». et « TVA déductible » puisqu'ils ont été soldés à la fin du mois. Mais reste le poste global « État et autres collectivités publiques » soit à l'actif, si l'entreprise dispose d'un crédit de TVA qu'elle pourra récupérer sur le premier mois (ou trimestre) de l'exercice suivant soit au passif, si l'entreprise est redevable d'une TVA à décaisser qu'elle paiera au cours du premier mois (ou trimestre) de l'exercice suivant.

En dehors de la TVA et de l'impôt sur les bénéfices dont on a vu auparavant qu'il constituait une charge non déductible et figurait sur la dernière ligne du compte de résultat, tous les autres impôts et taxes dues à l'État (taxe sur les salaires pour les entreprises non assujetties à la TVA, taxe d'apprentissage, participation à la formation professionnelle continue, la contribution économique territoriale qui remplace l'ancienne taxe professionnelle, taxe foncière, taxe sur les véhicules de sociétés…) et à d'autres organismes (versement de transport, allocations logement, participation à l'effort de construction…) sont enregistrés dans le compte de charges « Impôts, taxes et versements assimilés ». Si des acomptes sont versés sur certains d'entre eux, ils sont comptabilisés comme des créances dans un compte de créances « Autres impôts, taxes et versements assimilés » en contrepartie du compte « Banque ». Ce n'est qu'au moment où l'avis d'imposition est reçu que l'entreprise enregistre la charge « Impôts, taxes et versements assimilés », et la dette restant à payer « Autres impôts, taxes et versements assimilés », différence entre le montant de l'imposition et les acomptes déjà versés.

Parmi les autres créanciers et débiteurs se trouvent les salariés de l'entreprise et les organismes sociaux. La comptabilisation de la paie permet de bien comprendre la différence entre des charges et des dettes. En effet, il ne faut pas confondre le compte de charges « Charges de personnel » et ses sous-comptes « Rémunérations du personnel », « Charges de sécurité sociale et de prévoyance » et « Autres charges sociales » avec les comptes de tiers dont l'appellation est proche : « Personnel » et « Sécurité sociale et autres organismes sociaux ».

Ainsi, si des salariés demandent des avances à leur employeur, le compte « Banque » diminue en contrepartie du compte de créances « Personnel, avances et acomptes ». Lorsque la paie du mois est enregistrée à la fin du mois, le salaire brut apparaît en charges dans le compte « Rémunérations du personnel », les charges patronales dans les comptes « Charges de sécurité sociale et de prévoyance » et « Autres charges sociales » tandis que les retenues prélevées sur les salaires bruts et réglées par l'entreprise au nom de ses salariés sont comptabilisées dans le compte de dettes « Sécurité sociale et autres organismes sociaux ». Quant à la dette envers le personnel, égale à la différence entre les salaires bruts et les retenues sociales, elle est inscrite dans le compte de dettes « Personnel », déduction faite des avances, le compte de créances « Personnel, avances et acomptes » étant alors soldé. Quand les salariés et les organismes sociaux sont payés, les comptes de dettes « Personnel » et « Sécurité sociale et autres organismes sociaux » sont, à leur tour, soldés, en contrepartie de la diminution du compte « Banque ». À ce moment-là, tous les comptes de créances et de dettes sont soldés et il ne reste que les sommes inscrites dans les comptes de charges qui se cumulent chaque mois et apparaissent dans le « Compte de résultat » de l'exercice.

ATTENTION !

Dans un bilan de fin d'exercice, on ne trouve en général en créances que les avances aux salariés du dernier mois de l'exercice non régularisées et les dettes vis-à-vis du personnel et des organismes sociaux du dernier mois de l'exercice non encore réglées.

Parmi les actifs circulants figure également, à l'actif du bilan, la trésorerie de l'entreprise composée des valeurs mobilières de placement que nous avons déjà présentées lors de l'étude des titres de participation et des disponibilités, c'est-à-dire des comptes en banque et des espèces en caisse souvent évoqués.

Avant d'envisager les dépréciations sur les éléments d'actif, il faut traiter des provisions de passif qui, comme leur nom l'indique, s'inscrivent directement au passif du bilan et ne viennent pas en déduction d'un compte d'actif comme les provisions sur les immobilisations, sur les stocks, sur les créances et sur les valeurs mobilières de placement (voir ci-dessous).

Éclairage

Les créances monétaires peuvent faire l'objet de dépréciations donnant lieu à la constitution de provisions.

Les provisions de passif correspondent à des dettes non certaines, simplement probables, ce qui les différencie des charges à payer que l'on verra dans les écritures de régularisation du chapitre suivant et qui constituent des dettes certaines. Évaluées « à la meilleure estimation de la sortie de ressources auxquelles elles risquent de conduire », les provisions de passif se divisent en provisions réglementées et en provisions pour risques et charges.

Les provisions réglementées consistent en l'enregistrement de charges autorisées par l'administration fiscale. On en a déjà donné un exemple avec les amortissements dérogatoires sur les immobilisations. D'autres provisions réglementées concernent les prévisions de hausses de prix sur certains stocks, « Provisions réglementées relatives aux stocks » ou les « Provisions sur les plus-values réinvesties ».

Éclairage

La constatation d'une provision est enregistrée selon le même principe que celle concernant un amortissement : les « Dotations aux dépréciations » enregistrent en charges ces consommations intermédiaires et permettent d'anticiper, d'un point de vue financier la perte définitive des éléments d'actif sur lesquels elles portent, en réduisant le montant de l'impôt sur les bénéfices et des dividendes versés.

Dans le cas des provisions réglementées, un compte de charges exceptionnelles augmente, « Dotations aux provisions réglementées, charges exceptionnelles », en contrepartie du compte de passif concerné.

Parallèlement, lorsque, à la fin d'un exercice, l'entreprise prévoit une dette potentielle importante (grosses réparations à effectuer, pertes de change, perte probable d'un procès intenté par un tiers, charges futures d'un service après-vente, étalement de plus ou moins-values fiscales…) dont l'origine provient d'un événement survenu au cours de l'exercice en cours, mais dont le montant ou/et l'échéance est/sont incertain(s), elle peut enregistrer une provision pour risques et charges. Il y a, alors, un transfert de charges d'un exercice sur les suivants *a priori* et non *a posteriori* comme pour les amortissements. À nouveau, un compte de charges, « Dotations aux provisions », est créé (en charges d'exploitation, en charges financières ou en charges exceptionnelles selon la nature de la provision), en contrepartie de l'un des comptes de provisions de passif « Provisions pour risques », « Provisions pour restructurations », « Provisions pour impôts », « Provisions pour charges à répartir sur plusieurs exercices » ou « Autres provisions pour charges ».

Quand la charge afférente à la provision est réellement constatée, le compte de passif de provisions est soldé en contrepartie d'un compte de produits « Reprise sur provisions », la charge afférente étant alors normalement constatée.

ATTENTION !

Comptablement et fiscalement, la constatation et la disparition de la provision sont neutres puisque le produit compense exactement la charge. Mais cette neutralité est étalée sur au moins deux années. Elle permet simplement à l'entreprise de bénéficier d'une réduction d'impôt l'année de l'enregistrement de la charge avant de payer un impôt supplémentaire l'année de l'enregistrement compensatoire du produit.

Les dépréciations d'éléments d'actif peuvent porter sur des immobilisations, des stocks, des créances et des valeurs mobilières de placement. Ici encore, un compte de charge augmente en contrepartie d'un compte de « Dépréciations des... ». L'enregistrement est toujours indirect : chaque année, les dépréciations se cumulent ou sont réduites dans ce compte en fonction de l'évolution des dépréciations sans modifier la valeur brute du compte considéré. Elles n'apparaissent pas, dans le bilan, au passif, mais viennent en déduction, à l'actif, du coût historique des comptes auxquels elles s'appliquent pour en fournir la valeur résiduelle (ou valeur nette comptable).

Éclairage

La définition des dépréciations des éléments d'actif (dépréciation réversible et irrégulière) implique qu'il est impossible de prévoir ces dépréciations de manière automatique. Il faut simplement qu'elles soient probables et acceptables par l'administration fiscale. En outre, lorsque les dépréciations se réduisent ou disparaissent au cours d'un exercice, elles doivent être « reprises » dans le compte de résultat.

En ce qui concerne les immobilisations corporelles et incorporelles, une dépréciation est constatée lorsque, à la fin d'un exercice, leur valeur historique (ou leur valeur nette comptable si elles sont amortissables) est supérieure à leur valeur actuelle définie comme « la valeur la plus élevée de leur prix de cession et de leur valeur d'usage » (valeur attendue de ses flux de trésorerie futurs). Chaque année, les comptes de bilan « Dépréciation des... » sont ajustés : si la dépréciation s'est accrue, la charge « Dotations aux provisions » augmente de la hausse, si la dépréciation a diminué, le produit « Reprises sur provisions » augmente de la baisse.

Les stocks se déprécient lorsque les éléments qui les constituent soit perdent de leur fraîcheur soit passent de mode. Le montant de la dépréciation est égal à la différence entre le coût historique et leur valeur actuelle. Il existe une différence de comptabilisation des provisions sur stocks par rapport à celle concernant tous les autres éléments provisionnés. En effet, au lieu de procéder par différence chaque année (une augmentation de la provision est enregistrée en charge, une diminution en produit), la totalité de la provision de l'année précédente est soldée par un produit et la totalité de la nouvelle provision apparaît en charges.

ATTENTION !

Les provisions sur les stocks apparaissant dans le bilan initial sont soldées pour leur totalité à la fin de l'exercice par le compte de produits (« Reprises sur provisions ») et les nouvelles provisions sont créées en contrepartie du compte de charges (« Dotations aux provisions »).

Les créances sur des tiers (essentiellement des clients) sur lesquels une décision de justice laisse envisager des difficultés de paiement peuvent être provisionnées. Il faut, tout d'abord, transférer les créances concernées du compte global « Clients » dans un compte qui regroupe toutes les créances posant problème, « Clients douteux ou litigieux ». Il faut, ensuite, enregistrer les dépréciations pour le montant hors taxes des créances puisque toutes les charges, donc y compris les « Dotations... » sont enregistrées de cette façon. Il faut, enfin, quand les clients règlent « pour solde de tout compte », ajuster tous les comptes : constater le règlement, « reprendre » la provision en produit et enregistrer la perte définitive en soldant le compte « Clients douteux ou litigieux », en constatant la perte définitive, à nouveau hors taxes, dans le compte de charges « Pertes sur créances irrécouvrables » et en enregistrant la TVA à récupérer (puisque la TVA collectée avait été constatée par rapport au montant total de la créance, alors que l'entreprise ne l'a pas perçue de manière intégrale).

ATTENTION !

Alors que les créances sur les clients apparaissent pour leur montant toutes taxes comprises, les comptes de charges et de produits « Dotations aux provisions », « Reprises sur provisions » et « Pertes sur créances irrécouvrables » sont enregistrés hors taxes. De même, le compte de « Provisions pour dépréciation des clients » qui est inscrit à l'actif du bilan en déduction du compte « Clients » pour donner de celui-ci la valeur nette est comptabilisé hors taxes alors que le compte « Clients » apparaît toutes taxes comprises.

Les valeurs mobilières de placement (et les titres de participations) peuvent aussi donner lieu à provision lorsque leur valeur à la clôture de l'exercice (cours moyen du dernier mois de l'exercice pour les titres cotés et valeur probable de négociation pouvant être déterminée par plusieurs méthodes pour les titres non cotés) est devenue inférieure à leur coût historique. Au moment de leur revente, la provision constituée sur ces titres est reprise. Si une moins-value est constatée, elle est enregistrée dans le compte de charges financières « Charges nettes sur cession de valeurs mobilières de placement » ; si une plus-value est constatée, elle est enregistrée dans le compte de produits financiers « Produits nets sur cession de valeurs mobilières de placement ».

astuce

Le montant des provisions en début et en fin d'exercice et les mouvements qui les ont concernées au cours de l'exercice sont présentés dans les annexes 7 et 10 de la liasse fiscale.

III. LES CRÉANCES ET LES DETTES À COURT TERME « EN NATURE »

À côté des créances et des dettes monétaires qui donneront donc lieu, à un moment donné, à paiement, existent des créances et des dettes « en nature », c'est-à-dire correspondant simplement à des enregistrements comptables, sans jamais aucune contrepartie monétaire. Ces créances et ces dettes prennent naissance lors des écritures de régularisation et s'expliquent par le fait qu'en raison de la nécessité de donner une « image fidèle » de l'entreprise, du découpage de la vie de l'entreprise en exercices et de la tenue de la comptabilité en termes de produits et de charges et non en termes de recettes et de dépenses, le résultat comptable d'un exercice ne doit tenir compte que des éléments de cet exercice, mais de tous les éléments de cet exercice.

Les charges à payer représentent des dettes certaines, ce qui les différencie des provisions de passif, mais d'un montant et/ou d'une échéance incertain(s), le plus souvent parce que les factures afférentes n'ont pas été reçues à la fin de l'exercice. Ces charges, estimées, sont enregistrées dans les comptes auxquels elles se réfèrent, en même temps que la « TVA déductible à régulariser » (et non « TVA déductible » puisqu'aucune facture n'a été reçue), en contrepartie des comptes de tiers (toutes

Éclairage

Cinq catégories de charges et de produits conduisent à l'existence de créances et de dettes en nature : des charges à payer, des produits à recevoir, des charges calculées d'avance, des produits calculés d'avance, des charges à répartir sur plusieurs exercices.

taxes comprises) auxquels elles se rattachent. Il en est ainsi, par exemple, des quittances de gaz et d'électricité, des notes de téléphones, des loyers et des primes d'assurances payés à terme échu, des intérêts courus sur des emprunts...

astuce

Comme l'entreprise dispose de trois mois pour clôturer ses comptes, les montants de ces charges sont, en réalité, la plupart du temps, effectivement connus.

ATTENTION !

Quand, lors de l'exercice suivant, les quittances, notes ou factures sont reçues, il ne faut surtout pas enregistrer à nouveau la charge, seul le complément, s'il existe, devant être comptabilisé.

Au moment du règlement de la facture, la « TVA déductible à régulariser » est transférée dans le compte « TVA déductible ». Quant à la dette, elle sera soldée au moment du paiement au fournisseur.

Le principe des produits à recevoir est strictement inverse de celui concernant les charges à payer : il faut enregistrer les produits certains, mais non encore facturés, en les rattachant aux tiers qui en bénéficient. Ces produits, estimés, sont enregistrés dans les comptes afférents, en même temps que la « TVA collectée à régulariser » (et non « TVA collectée »), en contrepartie des comptes de tiers (toutes taxes comprises) auxquels elles se rattachent. Il en est ainsi, essentiellement, des ventes. Quand, lors de l'exercice suivant, les factures sont effectivement envoyées, il ne faut pas enregistrer à nouveau le produit. Seule la « TVA collectée à régulariser » doit être transférée dans le compte « TVA collectée ». La créance est soldée au moment du paiement du client.

Les charges constatées d'avance sont des charges qui ont été enregistrées au cours d'un exercice alors qu'elles concernent, en tout ou en partie, un ou des exercices postérieurs. Aussi le montant de ces charges doit-il être retiré de l'exercice présent pour être imputé à l'exercice suivant. Pour ce faire, le compte de charges diminue, en contrepartie d'un compte transitoire d'actif, compte de créances en nature, « Charges constatées d'avance », permettant le passage entre les deux exercices. Cette procédure concerne, par exemple, les loyers et primes d'assurances payés à terme à échoir.

Le principe des produits constatés d'avance est strictement inverse de celui concernant les charges constatées d'avance. Il s'agit de produits qui ont été enregistrés au cours d'un exercice alors qu'ils concernent, en tout ou en partie, un ou des exercices postérieurs. Aussi le montant de ces produits doit-il être retiré de l'exercice présent pour être imputé à l'exercice suivant. Pour ce faire, le compte de produits diminue, en contrepartie d'un compte transitoire de passif, compte de dettes en nature, « Produits constatés d'avance », permettant le passage entre les deux exercices. Cette procédure concerne surtout les ventes par abonnements et les envois de factures alors que les produits vendus ne seront expédiés que lors de l'exercice suivant.

ATTENTION !

Dès l'ouverture des comptes du nouvel exercice, il faut solder les comptes de créances et de dettes « Charges constatées d'avance » et « Produits constatés d'avance » qui n'ont servi qu'à passer d'un exercice à l'autre. En contrepartie sont créés les comptes de charges et les comptes de produits afférents à ce nouvel exercice auxquels s'ajoutent les comptes de TVA, de créances et de dettes (toutes taxes comprises) correspondants.

Les charges à répartir sur plusieurs exercices concernent des charges d'un montant important (par exemple une campagne publicitaire ou des frais d'entretien et de réparations) qui ne sont pas imputables au seul exercice de l'engagement financier. Il est, alors, possible de les étaler sur plusieurs exercices. La nature de cette régularisation se rapproche de l'amortissement des frais d'établissement. L'entreprise enregistre un produit calculé dans le compte « Transferts de charge » pour le montant transféré dans l'exercice ou les exercices suivant(s). En contrepartie est créé un compte de créances « en nature » « Charges à répartir sur plusieurs exercices ». À la fin de l'exercice (ou des) exercice(s) suivant(s), ce compte « Charges à répartir sur plusieurs exercices » est soldé en contrepartie du compte de charges de l'année, « Dotations aux amortissements des charges à répartir sur plusieurs exercices ».

ATTENTION !

Il s'agit du seul cas d'amortissement direct, sans passer par un compte d'amortissement : le compte d'actif du bilan « Charges à répartir sur plusieurs exercices » diminue, de telle sorte que sa valeur historique n'apparaît plus. La raison en est que ces charges sont, le plus souvent, étalées seulement sur deux années.

Il existe une autre catégorie de créances et dettes en nature, les « Écarts de conversion actif » et les « Écarts de conversion passif » que nous présenterons dans le chapitre suivant en même temps que les comptes proches de charges et de produits « Différences négatives de change » et « Différences positives de change ».

➤ Chapitre 8
La mesure de la rentabilité de l'entreprise

Ce que vous allez apprendre

- La formation du résultat comptable et du résultat monétaire
- Les deux calculs de la capacité d'autofinancement
- Les principales charges et les principaux produits
- Les charges et les produits lors d'opérations libellées en devises
- Les soldes intermédiaires de gestion et leur signification
- Les ratios de rentabilité

I. RETOUR SUR LE RÉSULTAT COMPTABLE ET LE RÉSULTAT MONÉTAIRE

Rappelons que le résultat comptable apparaît dans le « Compte de résultat » et qu'il est égal à la différence entre les produits (hors taxes) et les charges (hors taxes) dont les comptes ont été soldés et regroupés dans ce compte unique, une fois pris en compte la participation des salariés aux résultats de l'entreprise et l'impôt sur les bénéfices. Ayant déjà cité ou étudié les principaux comptes de produits et de charges d'exploitation, financiers et exceptionnels, nous ne présentons ici que ceux que nous n'avons pas encore évoqués.

En produits d'exploitation figurent les subventions d'exploitation qui consistent en des aides financières accordées par l'État ou par des collectivités locales afin que l'entreprise puisse équilibrer ses comptes.

ATTENTION !

Il ne faut pas confondre les subventions d'exploitation avec les subventions d'investissement qui apparaissent en capitaux propres, au passif du bilan, et qui consistent également en des aides de ces mêmes institutions, mais dans le but d'investir, et qui disparaissent progressivement, chaque année, au même rythme que l'amortissement du bien dont l'acquisition est financée, en étant intégrés dans un compte de produits exceptionnels, « Quote-part de subvention virée au compte de résultat ».

En charges d'exploitation apparaît le compte « Autres charges externes ». Il s'agit d'un compte « fourre-tout », dans lequel sont inscrites toutes les charges supportées par l'entreprise en provenance de tiers : sous-traitance, redevances de crédit-bail, charges locatives, entretien et réparations, primes d'assurance, études et recherche, documentation, personnel extérieur à l'entreprise, rémunération d'intermédiaires et honoraires, publicité, transports de biens et transports collectifs du personnel, déplacements, missions et réceptions, frais postaux et frais de télécommunications, services bancaires...

Entre les éléments d'exploitation financiers et les éléments financiers apparaissent deux comptes d'opérations en commun : « Bénéfice distribué ou perte transférée » et « Perte supportée ou bénéfice transféré ». Ces comptes interviennent dans les cas où des entreprises, tout en restant juridiquement indépendantes, effectuent ensemble des actions dans le cadre d'une opération donnée. À l'issue de celle-ci, l'entreprise chargée de la gérer administrativement effectue le partage des fruits, d'où l'utilisation des comptes suffisamment explicites dans sa comptabilité et dans celle de ses partenaires.

Lors des achats et des ventes en devises, tous les comptes sont enregistrés en euros en fonction de la parité devises – euro à ce moment-là.

Si les règlements ont lieu au cours du même exercice et si les cours des devises en euro ont changé entre-temps, les gains et les pertes effectivement réalisés sont inscrits dans les comptes de produits financiers « Différences positives de change » et de charges financières « Différences négatives de change ».

Si les règlements n'interviennent pas au cours du même exercice, des ajustements doivent être effectués à la clôture de l'exercice lors des écritures d'inventaire. En effet, tout ou partie des créances et des dettes apparaît toujours dans le bilan. Aucune perte ni aucun gain ne peuvent être comptabilisés puisqu'il (elle) n'a pas encore été effectivement constatée. En revanche, selon le principe « d'image fidèle » de l'entreprise, il faut enregistrer les créances et les dettes à leur valeur au jour de l'établissement du bilan, c'est-à-dire au dernier cours de change.

Éclairage

En produits financiers et charges financières apparaissent les comptes « Différences positives de change » et « Différences négatives de change » qui sont utilisés à l'occasion des règlements d'achats et de ventes réalisés avec l'étranger alors que les créances et les dettes afférentes sont libellées en devises. Ces opérations font également intervenir des comptes de bilan « en nature ».

Les différences observées à ce moment-là par rapport aux montants comptabilisés lors de la constatation des ventes et des achats doivent être inscrites dans des comptes transitoires de bilan, donc n'ayant aucune influence sur le résultat puisque le profit ou la perte n'est pas effectif(ve). Si les cours des devises augmentent les dettes vis-à-vis des fournisseurs et diminuent les créances vis-à-vis des clients, les comptes de dettes et de créances sont ajustés en contrepartie de l'augmentation d'un compte de bilan « Écarts de conversion actif ». Inversement, si les cours des devises diminuent les dettes vis-à-vis des fournisseurs et augmentent les créances vis-à-vis des clients, les comptes de dettes et de créances doivent être ajustés en contrepartie de l'augmentation d'un compte de bilan « Écarts de conversion passif ».

Ces traitements comptables n'interfèrent pas sur le résultat de l'exercice. De plus, l'entreprise constitue des provisions sur les pertes potentielles (mais n'enregistre rien s'il s'agit de profits potentiels) dont la comptabilisation lors de la création et lors de la disparition suit les procédures déjà présentées (dotations aux provisions et reprises sur provisions). Dans le cas où les pertes potentielles concernent les créances, la contrepartie du compte de charges « Dotations aux provisions » est le compte « Provisions pour dépréciation des clients » ; dans le cas où les pertes potentielles concernent les dettes, la contrepartie du compte de charges « Dotations aux provisions » est le compte de passif « Provisions pour pertes de change », sous compte du compte « Provisions pour risques ».

Lorsque les règlements sont effectués, les comptes de bilan « Clients », « Fournisseurs » et « Écarts de conversion actif ou passif » sont soldés en contrepartie du compte « Banque », les différences effectivement perçues ou supportées étant enregistrées en produits ou en charges en « Différences positives ou négatives de change ».

ATTENTION !

Il ne faut pas confondre les comptes de produits et de charges « Gains de change » et « Pertes de change » avec les comptes de créances et de dettes en nature « Écarts de conversion actif » et « Écarts de conversion passif ».

Comme on l'a souligné dans le chapitre 3, le « Compte de résultat » présente le résultat comptable de l'entreprise. Si l'annexe 9 de la liasse fiscale permet d'obtenir le résultat fiscal, aucun document officiel ne fournit le résultat monétaire. Aussi est-ce à l'entreprise de le calculer, élément indispensable pour la bonne gestion de l'entreprise et pour l'établissement de son tableau de financement (voir chapitre suivant).

Éclairage

On sait que le résultat monétaire d'un exercice est appelé capacité d'autofinancement et ne doit pas être confondu avec l'autofinancement qui représente l'épargne totale que l'entreprise a constituée depuis sa création. La capacité d'autofinancement montre l'aptitude de l'entreprise à financer son développement par les ressources qu'elle a elle-même engendrées.

Il existe deux méthodes pour calculer cette capacité d'autofinancement : une méthode dite descendante et une méthode dite ascendante. Elles proviennent du « Compte de résultat » et, évidemment, parviennent au même résultat.

Dans la méthode descendante, on part du résultat comptable dont on ne conserve que les éléments monétaires : la capacité d'autofinancement est égale à la différence entre les produits monétaires et les charges monétaires. La seule particularité (que l'on retrouve, en sens inverse, dans la seconde méthode) concerne les cessions d'éléments d'actif (compte de produits, « Produits de cession d'éléments d'actif », qui enregistre, rappelons-le, le prix HT de la vente des immobilisations, voir chapitre 6). En effet, il s'agit bien d'un produit monétaire. Mais, comme ces cessions sont reprises dans une autre partie du tableau de financement (voir chapitre 9) et qu'on ne peut les compter deux fois, pour le calcul de la capacité d'autofinancement, on les considère comme des produits calculés.

Dans la méthode ascendante, on part également du résultat net comptable dont on élimine tous les « produits calculés » ou non monétaires que l'on retranche, essentiellement les « Reprises sur provisions » d'exploitation, financières et exceptionnelles, et les « Produits de cession d'éléments d'actif » et toutes les « charges calculées » ou non monétaires que l'on réintègre (essentiellement les « Dotations aux amortissements et aux provisions » d'exploitation, financières et exceptionnelles et la « Valeur comptable des éléments d'actif cédés » (voir chapitre 6)).

ATTENTION !

Le résultat monétaire que donne la capacité d'autofinancement n'est que potentiel pour deux raisons : d'une part, une partie va être utilisée pour distribuer les dividendes aux associés, d'autre part, elle ne tient pas compte des délais de règlement. Ainsi, par exemple, une vente est considérée comme un produit monétaire, que son règlement ait ou non eu lieu.

II. LES SOLDES INTERMÉDIAIRES DE GESTION

Afin de parfaire la connaissance de sa gestion, l'entreprise doit aller plus loin que la présentation de son résultat comptable et de sa capacité d'autofinancement. Aussi, dans le système développé, est-elle invitée à calculer les soldes intermédiaires de gestion, informations qu'en réalité toute entreprise a intérêt à connaître.

Ainsi, au lieu d'avoir simplement, par l'intermédiaire du compte de résultat, le résultat global après impôt de l'entreprise, on peut, grâce à ces soldes, disposer de résultats partiels qui présentent les différentes origines de la formation de ce résultat final. L'approche des soldes intermédiaires de gestion est très financière. Elle facilite la connaissance par l'entreprise de sa situation, par exemple en comparant ces soldes à la fois à ceux dégagés par des entreprises d'un même secteur et avec les siens au cours des exercices précédents. Leur calcul se fait « en cascade », ce qui signifie qu'un solde a pour point de départ le précédent. Ces soldes sont les suivants et se calculent ainsi :

Éclairage

Les soldes intermédiaires de gestion ont pour objectif de décomposer le résultat net comptable en ses différents éléments.

– Marge commerciale = Ventes de marchandises – Achats de marchandises +- Variation de stocks de marchandises

La marge commerciale est l'indicateur fondamental des entreprises commerciales puisqu'elle fournit le résultat obtenu sur les ventes de marchandises. ;

– Production de l'exercice = Production vendue +- Production stockée + Production immobilisée

La production de l'exercice est l'indicateur clé d'une entreprise industrielle et d'une entreprise de services. Elle mesure la valeur fabriquée des biens et des services quelle que soit leur destination.

ATTENTION !

Le montant de la production de l'exercice est un élément hétérogène car la production vendue est évaluée au prix de vente tandis que la production stockée et la production immobilisée le sont au coût de production.

– Consommations intermédiaires = Achats de matières premières et autres approvisionnements +- Variation de stock de matières premières et d'approvisionnements + Autres achats et charges externes (voir ci-dessus).

Les consommations intermédiaires sont tous les achats effectués auprès de tiers.

– Valeur ajoutée (VA) = Marge commerciale + Production de l'exercice – consommations intermédiaires

La valeur ajoutée produite constitue un solde particulièrement important puisqu'il rend compte de la richesse créée par l'entreprise. Il fait d'ailleurs l'objet de l'annexe 16 de la liasse fiscale dans le système développé du Plan Comptable Général. Il s'agit d'un indicateur qui reflète sa dimension, son degré d'intégration économique, c'est-à-dire sa capacité à assurer elle-même un certain nombre de phases de production. La valeur ajoutée permet à l'entreprise de rémunérer tous les acteurs qui lui apportent ses « facteurs de production » : le capital humain (charges de personnel), le capital technique (rémunération des immobilisations mesurée par les dotations aux amortissements et aux dépréciations), le capital emprunté (produits et charges financières), le capital social (résultat), le capital collectif (impôts).

– Excédent brut d'exploitation (EBE) = Valeur ajoutée + Subventions d'exploitation – Charges de personnel – Impôts et taxes

L'EBE fournit le résultat généré par l'activité courante de l'entreprise, avant toute décision de gestion (donc indépendamment de sa politique d'amortissement et de sa politique financière). Il mesure également la capacité de l'entreprise à générer des ressources de trésorerie par son exploitation et lui permettant de maintenir et de développer son outil de production et de rémunérer les capitaux engagés. Il s'agit, en effet, du dernier solde exclusivement monétaire, ce qui est un renseignement intéressant pour le calcul de la capacité d'autofinancement.

– Résultat d'exploitation (RE) = Excédent brut d'exploitation + Reprises sur amortissements, provisions et dépréciations d'exploitation + Transferts de charges d'exploitation + Autres produits d'exploitation – Dotations aux amortissements, provisions et dépréciations d'exploitation – Autres charges d'exploitation.

Ce résultat mesure la performance industrielle et commerciale de l'entreprise.

– Résultat financier = produits financiers – Charges financières

Le résultat financier est un indicateur de la politique financière de l'entreprise qui fait ressortir le poids de ses produits financiers et de ses charges financières.

– Résultat courant avant impôt = Résultat d'exploitation +- Résultat financier

Il s'agit du dernier résultat non influencé par des événements exceptionnels et par l'impôt sur les bénéfices. Il mesure la performance dégagée par l'activité courante et habituelle de l'entreprise.

– Résultat exceptionnel = Produits exceptionnels – Charges exceptionnelles

Il prend en considération les opérations exceptionnelles réalisées par l'entreprise.

– Résultat net de l'exercice = Résultat courant avant impôt +- Résultat exceptionnel – Participation des salariés - Impôt sur les sociétés

Il permet de retrouver le résultat net de l'exercice du bilan.

Trois exemples de retraitement sont habituellement cités :

– les charges de crédit-bail, ces locations d'immobilisations avec option d'achat à l'échéance dont les loyers sont inscrits dans le sous-compte « Redevances » du compte « Autres achats et charges externes ». Les charges de redevances crédit-bail sont, alors,

Éclairage

Pour avoir une vision moins comptable et plus financière des soldes intermédiaires de gestion, il est possible de procéder à des retraitements, c'est-à-dire à reclasser, uniquement pour le calcul des SIG, certaines charges dans des comptes correspondant davantage à la réalité économique et facilitant les comparaisons avec des entreprises d'un même secteur qui supportent des charges de même nature, mais sous une forme plus classique.

décomposées en amortissements et en charges financières, comme dans le cas où les immobilisations sont achetées et payées à crédit grâce à des emprunts conduisant à des paiements d'intérêts ;
– les charges du personnel intérimaire auprès d'entreprises de travail temporaires. Ces charges apparaissent également dans le compte « Autres achats et charges externes ». Ces charges sont alors reclassées dans les frais de personnel, comme dans la plupart des entreprises ;

astuce

Ces deux premiers exemples augmentent la valeur ajoutée des firmes puisque les consommations intermédiaires auxquelles appartient le compte « Autres achats et charges externes » diminue. En revanche, le résultat courant avant impôt reste le même.

– l'impôt sur les sociétés peut être intégré dans le compte « Impôts, taxes et versements assimilés » car sa seule particularité est d'être une charge non déductible.

III. LES RATIOS DE RENTABILITÉ

Les données brutes fournies par le bilan, le compte de résultat, la capacité d'autofinancement, les soldes intermédiaires de gestion sont, certes, intéressantes, mais elles ne permettent pas de situer l'entreprise par rapport à ses concurrents. Il est possible de se servir de ces informations d'une manière différente, facilitant des comparaisons fructueuses grâce à un certain nombre de calculs dont l'interprétation est homogène pour l'ensemble de la communauté financière. C'est le but que poursuit la méthode des ratios que nous allons présenter ici sur la question de la rentabilité de l'entreprise, reportant l'analyse des ratios de la structure du bilan au chapitre suivant.

Un ratio est un rapport représentatif d'une certaine réalité entre deux valeurs. Les ratios provenant des documents comptables constituent des outils privilégiés du diagnostic financier d'une entreprise. Exprimés sous formes de pourcentages, de nombres décimaux ou de nombre de jours, ils rendent plus aisés les mises en parallèle d'entreprises en évitant de raisonner sur des valeurs absolues qui, souvent, ont peu de sens. Ils présentent, cependant, quelques inconvénients : leur appellation diffère souvent selon les analystes ; il n'existe pas de valeurs types ; ils ne portent que sur les éléments passés de l'entreprise ; leur nombre peut être très important et il faut savoir choisir, pour chaque objectif que l'on se fixe, les plus pertinents.

Les deux principaux ratios de rentabilité globale sont :
– le résultat net rapporté à l'actif total ;
– l'excédent brut d'exploitation lui aussi rapporté à l'actif total.

Les deux principaux ratios de rentabilité financière sont :
– le résultat net rapporté aux capitaux propres ;
– le résultat net + 33,33 % des intérêts des emprunts (pour tenir compte de l'économie d'impôt) rapporté aux capitaux permanents.

Éclairage

Les ratios de rentabilité rapportent le résultat aux différents moyens nécessaires à son obtention. On distingue les ratios de rentabilité globale des ratios de rentabilité financière (tous exprimés sous forme de pourcentages).

Certains ratios peuvent également découler des soldes intermédiaires de gestion. Les plus importants sont :
– le taux de marge (marge commerciale / coût d'achat des marchandises vendues) et le taux de marque (marge commerciale / ventes de marchandises), tous deux issus de la marge commerciale et indépendants de la taille des firmes ;
– le taux de valeur ajoutée (valeur ajoutée / (marge commerciale + production de l'exercice)) qui permet de faire des comparaisons plus adéquates avec d'autres entreprises du même secteur de la richesse créée ;

ATTENTION !

Le taux de valeur ajoutée a peu de signification en lui-même. En effet, il dépend de la nature de l'activité de l'entreprise, de l'importance et de l'efficacité de son processus productif. De plus, il faut prêter attention à ne pas interpréter trop superficiellement ce taux : un taux faible n'est pas obligatoirement mauvais car il peut signifier un recours important à la sous-traitance ou une production peu sophistiquée. Inversement, un taux élevé n'est pas forcément bon car il peut s'expliquer par des charges de personnel pléthoriques.

– les charges de personnel (salaires et charges sociales) rapportées à la valeur ajoutée ;
– les charges d'impôts (y compris l'impôt sur les sociétés) rapportées à la valeur ajoutée ;
– les charges de dépréciations nettes (dotations – reprises) rapportées à la valeur ajoutée ;
– les charges financières nettes (charges – produits) rapportées à la valeur ajoutée ;

– les charges exceptionnelles nettes (charges – produits) rapportées à la valeur ajoutée ;
– le résultat rapporté à la valeur ajoutée.

Ces derniers ratios permettent de calculer la rémunération des divers partenaires de l'entreprise pour 1 euro de valeur ajoutée.

Chapitre 9
Du bilan comptable au bilan fonctionnel

Ce que vous allez apprendre

- Les raisons du passage du bilan officiel à un bilan financier
- Les reclassements à effectuer
- Les ratios permettant d'évaluer la structure du bilan
- Les relations principales à respecter entre le haut et le bas du bilan
- Les principaux éléments du hors-bilan
- Une première approche des méthodes des scores
- La mesure des flux financiers au cours d'un exercice au travers du tableau de financement

I. LE BILAN FONCTIONNEL

L'analyse financière d'une entreprise est aujourd'hui indispensable et répond à de nombreux objectifs :
– suivre les flux financiers, au-delà des considérations juridiques dont la comptabilité est tributaire ;
– prendre les décisions concernant les flux monétaires que nécessite le fonctionnement de l'entreprise afin d'assurer en permanence la cohérence de la répartition de ses emplois et de ses ressources, le niveau de son endettement et de son autonomie financière ;
– prévoir les besoins de financement de l'entreprise lui permettant d'obtenir les moyens nécessaires à leur couverture ;
– définir une politique de résultat et de distribution des dividendes ainsi qu'une politique de croissance du capital garantissant son indépendance.

Ces objectifs prospectifs ne peuvent être atteints que si l'on est capable d'apprécier la situation passée et présente de l'entreprise. Or, les enregistrements comptables et les documents qui en résultent, essentiellement le bilan, répondent à des contraintes, en particulier fiscales, qui empêchent d'obtenir cette vision véritablement financière. Une présentation différente de la présentation officielle du bilan est donc indispensable.

Le bilan fonctionnel regroupe les éléments du bilan de l'actif et du passif de la manière suivante :
– des emplois stables reflétant les investissements réalisés et des ressources durables reflétant les opérations de financement à long terme, emplois et ressources correspondant au cycle d'investissement de l'entreprise ;
– des emplois et des ressources circulants d'exploitation reprenant les opérations courantes de l'entreprise effectuées lors de son cycle d'exploitation ;
– des emplois et des ressources circulants hors exploitation (exceptionnels) reprenant les opérations non courantes de l'entreprise effectuées lors de son cycle d'exploitation ;
– une trésorerie active et une trésorerie passive.

Éclairage

L'objectif du bilan fonctionnel est de procéder à des reclassements des éléments de l'actif et du passif du bilan comptable, en mettant en avant leurs diverses composantes en ressources et en emplois et les classant en fonction des deux principaux cycles, à long terme et à court terme, que connaissent toutes les entreprises.

Le bilan fonctionnel se présente alors ainsi :

ACTIF	PASSIF
Emplois stables	Ressources durables
Actif d'exploitation	Dettes d'exploitation
Actif hors exploitation	Dettes hors exploitation
Trésorerie active	Trésorerie passive

Chacune de ces grandes masses est retraitée en fonction des éléments suivants que nous avons tous présentés précédemment et dont la logique apparaît de manière claire :

– les emplois stables comprennent les comptes d'immobilisations (à leur valeur historique brute), le stock-outil (c'est-à-dire les stocks minima conservés en permanence par l'entreprise pour éviter de se retrouver en « rupture de stock ») et le compte « Charges à répartir sur plusieurs exercices » ;

– les ressources durables sont composées des comptes de capitaux propres avant l'affectation du résultat (à l'exception, si elle existe, de la partie du capital social qui n'a pas encore été appelée) desquels on soustrait les comptes « Amortissements », « Provisions pour dépréciations des éléments d'actif » et « Provisions pour risques et charges » et auxquels on ajoute les comptes « Emprunts » à moyen et long terme diminués des « Primes de remboursement des emprunts » ;

Éclairage

La somme des capitaux propres et des capitaux empruntés à long terme constitue les capitaux permanents.

ATTENTION !

Il est nécessaire d'intégrer dans les emplois stables et les ressources durables les éléments du hors-bilan que nous avons détaillés dans le chapitre 2. En particulier, on doit inclure dans les emplois stables la valeur historique brute des immobilisations détenues en crédit-bail (fournie dans l'annexe 11 de la liasse fiscale), en raison de leur utilisation pour assurer la « production » de l'entreprise ainsi que les amortissements de ces immobilisations dans les ressources durables. De même, les emprunts contractés pour financer ces immobilisations sous forme de crédit-bail apparaissent en ressources durables.

– l'actif d'exploitation comprend les comptes des différents « Stocks » et des « Créances clients » ajustés des écarts de conversion (y compris les effets escomptés non échus que l'on trouve sur une ligne de l'annexe 11 de la liasse fiscale), créances non encore réglées par les clients, mais « vendues » à une

banque pour alimenter sa trésorerie, tous deux pour leur valeur brute, et le compte « Charges constatées d'avance » ;
– les dettes d'exploitation incluent les comptes « Fournisseurs », ajustés des écarts de conversion, les comptes « Dettes fiscales (sauf celles afférentes à l'impôt sur les bénéfices) et sociales », « Autres dettes » et « Produits constatés d'avance » ;
– l'actif hors exploitation est formé des comptes « Autres créances » dont les acomptes versés sur l'impôt sur les bénéfices ;
– les dettes hors exploitation correspondent aux comptes « Dettes sur immobilisations » et « Autres dettes », principalement les dividendes à verser et l'impôt sur les bénéfices à payer ;
– la trésorerie active est la somme des comptes « Disponibilités » et « Valeurs mobilières de placement » (pour leur valeur brute) ;
– la trésorerie passive est constituée des « Concours bancaires courants et soldes créditeurs de banques » et des « Effets escomptés non échus ».

II. LES ÉQUILIBRES DU BILAN FONCTIONNEL

Le bilan fonctionnel peut être présenté schématiquement de la manière suivante :

ACTIF		PASSIF
Immobilisations		Capitaux propres
Stocks	F R	Dettes à long terme
Créances	↓	
Disponibilités		Dettes à court terme

FR = Fonds de roulement net

On peut en faire ressortir les principaux équilibres, exprimés soit en termes monétaires soit sous forme de ratios.

Le fonds de roulement net s'intéresse à l'adéquation entre le cycle d'investissement de l'entreprise et son financement.

Le fonds de roulement net doit nécessairement être positif (mais l'ampleur du surplus est fonction du secteur auquel appartient l'entreprise), ce qui implique qu'il faut que les ressources durables

Éclairage

Envisagé par le « haut de bilan », le fonds de roulement net est égal à la différence entre les capitaux permanents (capitaux propres plus capitaux empruntés) et les emplois stables.

suffisent à couvrir les immobilisations, l'excédent permettant de financer la partie permanente du besoin en fonds de roulement (voir ci-dessous). Inversement, un fonds de roulement net négatif signifie que, les immobilisations ne pouvant être financées par les ressources à long terme, elles doivent l'être par des ressources à court terme. Il s'ensuit un grave problème, appelé de transformation, des emplois à long terme devant être financés par des ressources à court terme, ce qui n'est pas viable très longtemps puisque cela peut entraîner, par exemple, que l'entreprise soit amenée à vendre une partie de ses immobilisations pour payer ses dettes à court terme !

ATTENTION !

Même si c'est très coûteux et également dangereux, on trouve parfois une transformation en sens inverse (des emplois à court terme non récurrents financés par des ressources à long terme).

Le fonds de roulement net peut également être calculé par le « bas de bilan ». Il est, alors, égal à la différence entre le total de l'actif circulant (actif d'exploitation + actif hors exploitation + trésorerie active) et le total du passif circulant (passif d'exploitation + passif hors exploitation + trésorerie passive). Si le résultat est évidemment identique dans la mesure où l'actif et le passif du bilan sont égaux, sa signification apparaît de manière moins évidente.

Le fonds de roulement net peut s'exprimer également sous la forme d'un ratio, exprimé par un nombre décimal. Il est égal aux capitaux permanents rapportés aux emplois stables. Il doit être supérieur à 1.

Plus étroit que le fonds de roulement net, le fonds de roulement propre peut également être calculé. Il est égal aux capitaux propres moins les emplois stables. Il peut être négatif (et donc inférieur à 1 si on le calcule sous forme de ratio), à partir du moment où l'entreprise accepte de ne pas disposer d'une autonomie financière totale, c'est-à-dire si elle est prête à ce que des capitaux empruntés financent ses immobilisations.

Le besoin en fonds de roulement (BFR) s'intéresse aux cycles d'exploitation et hors exploitation.

Le besoin en fonds de roulement mesure le besoin de financement provenant des décalages entre décaissements et encaissements. Il est, en général, positif (car, en dehors des entreprises de la grande distribution qui sont payées le plus souvent au comptant par leurs clients alors qu'elles règlent leurs fournisseurs à crédit, les stocks sont payés avant d'être vendus, les décaissements vis-à-vis des débiteurs, surtout les fournisseurs, sont réalisés avant les encaissements des créances, surtout les clients, la TVA déductible est réglée avant que la TVA collectée soit reçue). Le besoin en fonds de roulement est financé par l'excédent dégagé de fonds de roulement ou par des concours bancaires.

Éclairage

Le besoin en fonds de roulement est égal à la différence entre tous les actifs à court terme (hors trésorerie active) et les dettes à court terme (hors trésorerie passive).

On distingue habituellement le besoin en fonds de roulement d'exploitation (BFRE) et le besoin en fonds de roulement hors exploitation (BFRHE). Une partie du BFRE est permanente et proportionnelle au chiffre d'affaires (par exemple la TVA) ce qui nécessite de bien anticiper le financement de ce BRFE lorsque l'entreprise prévoit de croître fortement. Comme pour le fonds de roulement net, le besoin en fonds de roulement peut être envisagé sous forme de ratio : actif circulant rapporté à passif circulant.

La trésorerie nette est la différence entre la trésorerie active et la trésorerie passive. Mais, de manière plus intéressante, c'est aussi la différence entre le fonds de roulement net et le besoin en fonds de roulement (d'exploitation et hors exploitation). Si un excédent apparaît, l'entreprise doit réfléchir à son placement et déterminer si celui-ci doit être réalisé à court terme ou à long terme, en fonction des causes de ce surplus. Si le solde est négatif, la situation peut rapidement devenir dangereuse dans la mesure où elle risque de conduire l'entreprise à se trouver dans une situation de cessation de paiement. Il faut donc envisager des solutions pour revenir à une trésorerie positive : augmentation du fonds de roulement net (par une augmentation de capital, un autofinancement de nouveaux emprunts ou/et vendre des immobilisations non indispensables) ou/et diminution du besoin en fonds de roulement (par une réduction des stocks, un allongement des délais pour payer les dettes vis-à-vis des fournisseurs, un raccourcissement des délais pour encaisser les créances des clients).

Deux ratios de trésorerie peuvent être calculés : le ratio de trésorerie potentielle (créances et trésorerie nette rapportées aux dettes à court terme) et le ratio de trésorerie immédiate (trésorerie nette rapportée aux dettes à court terme).

D'autres ratios calculés avec des éléments du bilan fonctionnel peuvent être envisagés. Les plus importants sont :
– le ratio de couverture des capitaux investis : ressources stables rapportées aux capitaux investis (emplois stables + besoin en fonds de roulement d'exploitation). Ce ratio doit être le plus proche possible de 1 afin d'éviter que ce BFRE ne soit trop financé par des concours bancaires ;
– le ratio d'indépendance financière, parfois appelé taux d'endettement : dettes financières stables plus trésorerie passive rapportées au total des capitaux propres. Il ne doit pas être supérieur à 100 %, seuil maximum au-delà duquel les banques refusent, en général, de prêter ;
– le ratio d'autonomie financière : capitaux propres plus amortissements et provisions rapportés aux dettes ;
– le poids du besoin en fonds de roulement d'exploitation : BFRE rapporté au chiffre d'affaires hors taxes ;
– le délai de recouvrement des créances clients : créances clients – avances et acomptes reçus + effets escomptés non échus rapportés au chiffre d'affaires toutes taxes comprises, le résultat multiplié par 360 pour obtenir un nombre de jours ;

ATTENTION !

Même si les effets escomptés non échus se trouvent dans le compte « Banque », les clients signataires de ces effets ne les ont pas encore payés. De plus, comme le compte « Créances clients » est comptabilisé toutes taxes comprises, le dénominateur doit aussi être toutes taxes comprises. Or, on sait que les ventes apparaissent hors taxes dans le compte de résultat. Il faut donc leur ajouter la TVA.

– le délai de règlement des fournisseurs : dettes Fournisseurs – avances et acomptes versés rapportés aux achats toutes taxes comprises + charges externes toutes taxes comprises, le résultat multiplié par 360 pour obtenir un nombre de jours ;

astuce

La comparaison du délai de recouvrement des créances et du délai de paiement des fournisseurs doit être interprétée avec prudence car le nombre de jours trouvé ne se rapporte pas au même dénominateur. Or, un jour de chiffre d'affaires représente une somme d'argent supérieure à un jour d'achats et de charges externes.

ATTENTION !

Ici encore, comme les dettes fournisseurs sont comptabilisées toutes taxes comprises, les achats et charges externes doivent être pris pour leur montant toutes taxes comprises. Comme ces comptes apparaissent hors taxes dans le « Compte de résultat », il faut aussi leur ajouter la TVA afférente.

– la vitesse de rotation des stocks : stocks rapportés au chiffre d'affaires, le résultat multiplié par 360 pour obtenir un nombre de jours.

ATTENTION !

Pour ce ratio, en revanche, comme les stocks apparaissant dans le bilan hors taxes, il faut prendre le total des ventes également hors taxes, comme elles sont reprises dans le compte de résultat. Un arbitrage doit être effectué entre un nombre faible et un nombre élevé de jours car il faut optimiser les coûts de passation des commandes et de stockage (entreposage, assurances, frais financiers).

Un certain nombre de ces ratios est utilisé pour fournir un « score » à l'entreprise. En effet, des organismes financiers combinent, en les pondérant en fonction de leur importance, les ratios qu'ils jugent les plus significatifs pour apprécier le risque qu'ils souhaitent mesurer. La procédure la plus connue est la méthode des scores de la Banque de France dont l'objectif est de déceler très tôt les défaillances potentielles des entreprises. Basée sur une technique statistique complexe, elle privilégie huit ratios considérés comme des indicateurs avancés des difficultés des entreprises, les analyse globalement (au travers d'une fonction) et non individuellement, ce qui permet d'attribuer à chaque entreprise examiné un score révélateur de sa santé et de le comparer à des scores moyens, significatifs de l'anticipation de certaines situations.

L'inconvénient des « méthodes des scores » est de laisser de côté tous les aspects qualitatifs de l'entreprise.

III. LE TABLEAU DE FINANCEMENT

Tous les calculs précédents raisonnent de manière statique, c'est-à-dire à un moment donné, à la fin d'un exercice.

Pour dresser un document dynamique, on procède à l'analyse des variations des emplois et des ressources sur un exercice, à partir de la comparaison entre les éléments concernés dans le bilan final et ceux apparaissant dans le bilan initial, sauf en ce qui concerne la capacité d'autofinancement que l'on a vu dans le chapitre précédent et qui provient du compte de résultat, donc qui ne s'intéresse bien qu'à l'année considérée. L'objectif du tableau de financement est de vérifier l'équilibre financier de l'entreprise, de mesurer sa capacité à dégager de la trésorerie, de déterminer la manière dont ses investissements sont financés, de connaître l'emploi qui a été fait des ressources dégagées…

Éclairage

Le tableau de financement propose une présentation dynamique en recensant les flux, uniquement monétaires, qui ont traversé l'entreprise au cours d'un exercice.

Le tableau de financement reprend les notions de fonds de roulement, de besoin en fonds de roulement et de trésorerie nette, mais au lieu d'envisager ces concepts à un moment donné, il les mesure en termes de variations sur un exercice. Il se divise en deux parties : une partie à long terme, « haut de bilan », qui fournit la variation du fonds de roulement de l'exercice, une partie à court terme, « bas de bilan », qui fournit la variation du besoin en fonds de roulement de l'exercice, la résultante de ces deux parties permettant de connaître la variation de la trésorerie au cours de l'exercice.

Le tableau de financement haut de bilan se divise en emplois et en ressources selon le modèle suivant :

TABLEAU DE FINANCEMENT (haut de bilan)

EMPLOIS	Montant	RESSOURCES	Montant
Distributions de dividendes mises en paiement au cours de l'exercice		Capacité d'autofinancement de l'exercice	
Acquisitions d'éléments d'actif immobilisés		Cessions d'éléments de l'actif immobilisé	
Charges à répartir sur plusieurs exercices			
Réduction des capitaux propres		Augmentation des capitaux propres	
Remboursements de dettes à long terme		Augmentations des dettes à long terme	
Variation du fonds de roulement net global (ressource nette)		Variation du fonds de roulement net global (emploi net)	

Un certain nombre de remarques s'impose concernant l'établissement de ce tableau :
– les dividendes distribués au cours d'un exercice sont ceux qui se rapportent au résultat de l'année précédente. Aussi est-ce la capacité d'autofinancement de l'année suivante qui assure le versement des dividendes provenant du résultat de l'année précédente ;
– les cessions d'éléments de l'actif immobilisé correspondent au compte de produits « Produits de cession des éléments d'actif » qui, rappelons-le, ont été considérés comme des produits calculés lors du calcul de la capacité d'autofinancement ;
– la réduction et l'augmentation des capitaux propres (et non du seul capital social) ne sont reprises que pour les variations monétaires. Ainsi, une augmentation de capital par incorporation de réserves ne figure pas dans le tableau puisque non seulement l'opération ne donne lieu à aucun mouvement d'argent, mais, de plus, est effectuée de compte à compte à l'intérieur de la masse des capitaux propres. De même, une augmentation de capital par consolidation de dettes n'est pas retenue puisqu'il s'agit, là encore, d'un simple jeu d'écritures, de compte à compte. En revanche, une prime d'émission versée à l'occasion d'une augmentation de capital constitue un apport de fonds ;
– la simple analyse du bilan ne permet pas d'obtenir les remboursements et les augmentations de dettes à long terme puisque seul le résultat net des mouvements apparaît. Il faut donc se référer à l'un des tableaux de l'annexe 8 « État des échéances des créances et des dettes » pour obtenir les informations nécessaires ;
– pour que la situation de l'entreprise soit satisfaisante, il est nécessaire qu'elle ait dégagé une capacité de financement à long terme (ressource nette) et non qu'elle ait supporté une insuffisance (emploi net). Cependant, un emploi net permet parfois de préparer l'avenir. Aussi faut-il non seulement s'intéresser au résultat dégagé, mais aussi à la structure du tableau de financement. Par exemple, si la distribution de dividendes est inférieure à la capacité d'autofinancement, si les investissements réalisés sont supérieurs aux désinvestissements, si une participation financière a été prise dans une autre société, si une augmentation de capital a eu lieu et si des dettes à long terme ont été remboursées, même si la variation du fonds de roulement net conduit à un emploi net, les éléments cités sont des gages de croissance future et sont préférables à une variation du fonds de roulement net conduisant à une ressource nette provenant de cessions d'immobilisations et d'un endettement pléthoriques, Cependant, dans tous les cas, une situation d'emploi net ne doit pas se produire pendant plusieurs années successives.

Le tableau de financement de bas de bilan dégage, de son côté, la variation du besoin en fonds de roulement. Il se divise en besoins et en dégagements selon le modèle suivant, en retenant les principaux comptes :

TABLEAU DE FINANCEMENT (bas de bilan)

	BESOINS	DÉGAGEMENTS
Variations des éléments d'actif		
Stocks		
Fournisseurs débiteurs		
Clients		
Créances diverses		
Charges constatées d'avance		
Variations des éléments de passif		
Clients créditeurs		
Fournisseurs		
Dettes fiscales et sociales		
Dettes diverses		
Produits constatés d'avance		
Dégagement net de fonds de roulement		

Ici encore, plusieurs remarques s'imposent :

– il n'est pas possible, comme pour le haut de bilan, d'obtenir les flux bruts d'entrées et de sorties du bilan car les renseignements fournis par les différentes annexes ne le permettent pas. On doit se contenter de la variation nette entre deux exercices successifs (stock final – stock initial) ;

– les postes du bilan sont retenus pour leur valeur brute puisque les dépréciations ont déjà été retirées de la capacité d'autofinancement ;

– un poste d'actif qui a augmenté d'un exercice à l'autre a généré un besoin puisque l'entreprise n'a pas été payée, s'il a diminué, il a permis de dégager des fonds puisque la firme a alors été payée. Inversement, un poste de passif qui a augmenté d'un exercice à l'autre a entraîné un dégagement de fonds puisque l'entreprise a pu payer moins, s'il a diminué, c'est que l'entreprise a payé et a donc eu un besoin de fonds ;

– c'est grâce à ce tableau que l'on comprend pourquoi la capacité d'autofinancement n'est que potentielle : par exemple, une vente qui n'a pas été encaissée, considérée comme un produit monétaire, est compensée par l'augmentation du compte de créances « Clients » ; inversement, un achat qui n'a pas été payé, considéré comme une charge monétaire, est compensé par l'augmentation du compte de dettes « Fournisseurs » ;

– en général, les entreprises dégagent un besoin en fonds de roulement.

La variation de la trésorerie se mesure dans un tableau par la différence entre la trésorerie nette (trésorerie active moins trésorerie passive) de deux exercices successifs. Comme au niveau statique pour la trésorerie nette, cette variation peut aussi être calculée par la différence entre la variation du fonds de roulement net et la variation du besoin en fonds de roulement.

➤ Chapitre 10
Les principes de l'évaluation d'une entreprise

Ce que vous allez apprendre

- Les difficultés rencontrées lors de l'évaluation d'une entreprise
- La différence entre capitalisation et actualisation
- Les différentes méthodes d'évaluation comptables et extracomptables
- La signification et le calcul du goodwill (la survaleur)

L'évaluation des entreprises est, de nos jours, une opération de plus en plus fréquente, à la fois parce que le besoin d'information se généralise et parce que connaître la valeur d'une entreprise intéresse un nombre croissant d'agents économiques : dirigeants et salariés, propriétaires ou associés, État, prêteurs (en particulier les établissements de crédit), fournisseurs, clients...

Il s'agit, cependant, d'une tâche difficile pour différentes raisons :

– l'aspect subjectif est très présent dans toute évaluation, chaque partie prenante ayant un objectif particulier à atteindre. En effet, les buts d'une évaluation sont multiples : placements d'épargne, cessation d'activité, continuation de l'exploitation, prise de contrôle, rapprochement entre deux entreprises, cession, opération boursière, stratégie de croissance, redéploiement industriel, succession, donation, changement de structure du capital, gestion courante... ;

– la valeur perçue est souvent peu en rapport avec la valeur comptable ou financière : par exemple, des synergies industrielles peuvent apparaître dans l'hypothèse d'un regroupement de deux entreprises appartenant au même secteur, ce qui donnera une valeur supérieure à chacune des deux par rapport à leur valeur dans l'hypothèse où elles resteraient indépendantes ;

– il existe de très nombreuses méthodes d'évaluation plus ou moins sophistiquées, plus ou moins fiables parmi lesquelles il faut sélectionner les plus utilisées par les évaluateurs et les plus adaptées à la situation particulière de l'entreprise considérée ;

– l'évaluation constitue une opération technique délicate en raison de la multiplication des variables explicatives à prendre en considération, aussi bien psychologiques (comme la notoriété de la marque) qu'économiques (comme la pérennité de l'exploitation) ;

– une évaluation ne doit pas se baser sur le passé, mais sur l'avenir car ce qui intéresse tout investisseur est la capacité attendue d'une organisation à générer de la richesse. De plus, les flux prévisionnels doivent être ramenés à leur valeur présente afin de pouvoir comparer des situations différentes de durées et de tenir compte de la dépréciation monétaire.

Malgré ces difficultés, l'évaluation est fondamentale car elle débouche sur le prix qui sera effectivement payé lors d'une transaction. Ainsi, il est évident, par exemple, qu'un acheteur et un vendeur potentiels d'une entreprise parviendront à des évaluations différentes, mais leur calcul leur permettra de déterminer le prix final de la cession. En effet, comme pour tout bien, la valeur d'une entreprise n'est pas un fait, mais une opinion. Seul le prix, fruit définitif de la confrontation entre un acheteur et un vendeur, constitue une donnée réelle, objective : la valeur théorique d'une entreprise est toujours différente du prix effectivement payé pour l'acquérir ou en devenir l'actionnaire majoritaire.

Les données d'une entreprise se retrouvent dans ses documents comptables (son bilan et son compte de résultats). Il est donc logique que de nombreuses méthodes d'évaluation reposent sur les documents comptables. Mais les limites de la comptabilité expliquent aussi que les évaluateurs se basent souvent sur des méthodes extracomptables.

L'évaluation par les postes du bilan nécessite un travail préparatoire avant de procéder à l'évaluation économique de l'entreprise. Il faut, tout d'abord, vérifier les données fournies. Par exemple, comme l'évaluation par les stocks se fait par l'intermédiaire de plusieurs bilans, il est nécessaire de s'assurer de la permanence des méthodes pour que les éléments pris en considération aient une certaine homogénéité. De même, il faut prendre en considération le fait que des charges présentes qui pèsent sur le résultat devraient permettre de réaliser davantage de profit dans l'avenir alors qu'au contraire, des charges faibles aujourd'hui peuvent être le signe d'un vieillissement de l'entreprise. Il faut également faire un diagnostic des points forts et des points faibles extracomptables de tous les domaines qui intéressent l'entreprise : stabilité et capacité de son personnel, maîtrise technique, efficacité de ses différents départements et services, compétence de sa direction, capacité d'innovation, savoir-faire commercial, état de la concurrence, âge de ses immobilisations et de ses produits, situation financière... Ce diagnostic permet de découvrir des éléments cachés, non repris dans les comptes.

Éclairage

Les méthodes comptables reposent soit sur les stocks que fournit le bilan (le patrimoine de l'entreprise) soit sur les flux (ses résultats) qu'indique le compte de résultats.

Comme, de plus, la valeur de l'entreprise est basée sur le futur, il faut, ensuite, obtenir tous les renseignements intéressant l'avenir de l'entreprise. Pour ce faire, il faut bien connaître son histoire, la géographie de son actionnariat, les compétences de son personnel, ses produits, ses marchés, ses concurrents. Il faut également être conscient du fait que la valeur d'une entreprise dépend de l'importance des bénéfices qu'elle est susceptible de générer dans le futur (la valeur actuelle de ses profits futurs). Or, non seulement l'appréciation de ses profits futurs est délicate, mais se pose aussi la prévision l'horizon économique prévisible de son existence : combien d'années l'entreprise est-elle supposée encore fonctionner ?

Il faut également choisir avec soin le taux d'actualisation à appliquer. L'évaluation d'une entreprise répondant le plus souvent à la recherche de l'évaluation d'une rentabilité pour un investisseur, il est nécessaire de connaître le taux de rémunération attendu d'un placement alternatif. Ce taux, appelé taux d'actualisation, peut être déterminé à partir d'éléments exogènes ou internes à l'entreprise. On peut, ainsi, opter pour un taux du marché financier (souvent le taux des obligations d'État auquel on ajoute une prime de risque très difficile à apprécier) ou pour le coût moyen pondéré du capital de l'entreprise concernée.

I. LES MÉTHODES D'ÉVALUATION PAR LE PATRIMOINE

L'évaluation des biens détenus par l'entreprise est différente selon qu'ils sont :
– nécessaires à l'exploitation : on les apprécie à leur valeur d'usage, à partir de leur valeur d'assurance ou de remplacement à l'identique comme si l'entreprise était créée au moment de l'évaluation, puisqu'elle est supposée les conserver longtemps et les utiliser conjointement avec l'ensemble de tous les autres biens d'exploitation ;
– non nécessaires à l'exploitation ; on les apprécie à leur valeur vénale ou marchande puisque l'entreprise est susceptible de les vendre à tout moment. Plusieurs valeurs peuvent être utilisées : valeur à la casse correspondant aux conditions les plus défavorables de liquidation, valeur de liquidation correspondant à une situation de cessation de l'activité, tenant compte des frais et impôts divers, valeur liquidative correspondant à la valeur marchande des biens après déduction des dettes, valeur réévaluée qui tient compte de la réévaluation ou de la dépréciation des actifs et, éventuellement, du passif en fonction d'indices généraux ou sectoriels.

Éclairage

Il existe cinq méthodes d'évaluation par les stocks : l'actif net comptable, l'actif net comptable corrigé, la valeur substantielle, les capitaux permanents nécessaires à l'exploitation, la valeur liquidative.

L'actif net comptable (ANC), ou valeur mathématique, peut être déterminé par deux méthodes conduisant au même résultat :
– par le haut de bilan (Actif net comptable = capitaux propres – dividendes à payer) ;
– par le bas de bilan (Actif net comptable = actif total – (passif exigible + dividendes)).

ATTENTION !

L'actif net comptable est une méthode peu fiable car elle repose sur des bilans dont on a relevé à plusieurs reprises la coloration essentiellement fiscale.

L'actif net comptable corrigé (ANCC) ou valeur intrinsèque (actif comptable corrigé – passif exigible) représente la valeur réelle, même si elle n'est que partielle, de l'entreprise en état de fonctionnement. L'ANCC est calculée à partir de l'actif net comptable auquel on apporte de nombreuses corrections.

En effet, des retraitements doivent être effectués pour remédier aux principes comptables habituels trop éloignés de la réalité économique. Par exemple, la règle de la prudence n'a plus à être appliquée : les plus-values potentielles doivent être prises en compte, au même titre que les moins-values potentielles, par rapport aux valeurs historiques retenues habituellement par les normes comptables. Il en est de même pour le principe des coûts historiques : les créances et les dettes doivent être estimées au jour de l'évaluation et non lors de leur entrée dans le bilan. Tous les retraitements nécessitent également l'intégration de leurs conséquences fiscales (plus ou moins-values, crédits d'impôts, réévaluations...).

Les principaux retraitements sont les suivants :

– on sait que les frais d'établissement sont en réalité des charges qui se trouvent au bilan uniquement parce qu'ils peuvent être amortis sur plusieurs années. Les frais d'établissement doivent donc être considérés comme de l'actif fictif, c'est-à-dire avec une valeur nulle ;

– les terrains sont évalués par des experts selon les conditions en vigueur sur le marché local. Un abattement de 30 à 50 % est en général réalisé sur la partie bâtie. Si les terrains sont loués, il faut tenir compte des indemnités qui devront être éventuellement versées au locataire ;

– les constructions d'exploitation sont évaluées à la valeur acceptable pour une construction de même utilité. On peut choisir la valeur d'assurance avec un abattement, souvent la valeur de reconstruction de laquelle on déduit un coefficient de vétusté, en général de 2 % à 5 % par an, et à laquelle on ajoute un coefficient de revalorisation, par exemple si la construction, totalement amortie, est toujours utilisée, la valeur de comparaison établie à partir des prix pratiqués sur des transactions portant sur des constructions identiques ou la valeur d'acquisition égale à la valeur d'origine multipliée par un coefficient représentatif de l'érosion monétaire. En revanche, les constructions hors exploitation sont toujours évaluées à leur valeur vénale nette ;

– les matériels sont évalués selon leur cote, déterminée en fonction de leur ancienneté si ces valeurs sont publiées dans des revues spécialisées ou selon la méthode d'acquisition (prix à l'origine multiplié par le coefficient d'érosion monétaire et par un coefficient de vétusté pour tenir compte de leur obsolescence et de leur plus faible rentabilité que celle d'un matériel neuf) s'ils ne sont pas cotés ;

– les immobilisations prises en crédit-bail doivent être traitées avec attention. En effet, lors de leur acquisition, à l'échéance du contrat, le prix payé est souvent inférieur à leur valeur vénale. Il faut donc prendre en considération la valeur de ces immobilisations et les amortir, même si, juridiquement, elles ne sont pas la propriété de l'entreprise et considérer les loyers encore dus comme des dettes. De plus, si le crédit-bail a été considéré comme une dette, il faut ajouter aux dettes à long terme la valeur actualisée des loyers correspondants et porter leur contrepartie à l'actif. En revanche, si l'on a considéré le crédit-bail comme un actif amortissable plus une dette, il faut traiter les biens en crédit-bail comme des actifs amortissables en déduisant chaque année les amortissements et en portant la contrepartie au passif ;
– les immobilisations incorporelles ne sont pas, en général, intégrées dans le calcul de l'actif net car leur valeur intervient directement dans le calcul de la rentabilité de l'entreprise (voir ci-dessous). Il existe trois exceptions : le droit au bail, les marques et les brevets qui font partie du fonds commercial de l'entreprise. En général, le droit au bail, protection légale qui permet à une entreprise d'exploiter un local commercial, est évalué par la somme actualisée de la différence entre le loyer moyen du marché et le loyer effectivement payé. Cette différence est fonction de l'emplacement du local, de la durée du bail, des clauses du contrat… Les marques sont évaluées en fonction du chiffre d'affaires ou du bénéfice des trois dernières années. Les brevets ont une valeur par rapport aux revenus qu'ils sont susceptibles d'engendrer, soit par rapport aux coûts de recherche qu'ils ont occasionnés soit à partir de l'actualisation des royalties nets d'impôt s'ils font l'objet de licences ;

ATTENTION !

Pour toutes ces immobilisations immatérielles, il faut veiller à ne pas les prendre en considération deux fois dans l'hypothèse où l'évaluation serait effectuée à la fois par une méthode patrimoniale et par une méthode de rentabilité.

– dans les immobilisations financières, les titres détenus par l'entreprise sont évalués à partir de la moyenne des cours boursiers des trois mois qui précèdent l'évaluation s'ils sont cotés sur un marché ou à partir de la valeur de la société concernée et du pourcentage de son capital détenu s'ils ne font l'objet d'aucune cotation. Des retraitements sont cependant nécessaires en fonction du pourcentage de participation dans le capital : plus la détention est minoritaire, plus le montant de la décote à pratiquer doit être important. Ce pourcentage dépend de la répartition de la partie restante du capital : plus les actions sont éparpillées entre de nombreuses mains, moins la décote doit être forte ;

– les stocks doivent faire l'objet d'un inventaire physique extracomptable et être évalués à leur valeur marchande pour les stocks achetés à des tiers ou à leur coût de revient ou de production pour les produits fabriqués par l'entreprise elle-même ou pour les travaux et les produits en cours ;

– les créances sont évaluées à leur valeur effective ;

– dans les comptes de trésorerie, les valeurs mobilières de placement cotées doivent être évaluées à la moyenne de leurs cours lors du dernier mois, en tenant compte de l'incidence fiscale des plus-values éventuelles ;

– les provisions pour risques et charges doivent être traitées avec soin. En effet, si les immobilisations ont été évaluées en tenant compte de ces charges futures, les provisions doivent être retirées du passif ;

– en ce qui concerne les dettes, il est parfois nécessaire d'actualiser au coût effectif de l'argent sur le marché les dettes qui ont été obtenues à des taux d'intérêt particulièrement faibles. En effet, une dette à intérêt faible ou nul coûte moins chère à un acquéreur éventuel qu'une dette portant sur un intérêt normal. Elle doit donc être dépréciée du montant calculé. Il faut cependant se méfier d'un retournement conjoncturel qui conduirait à une inversion du sens de l'influence des taux d'intérêt sur les dettes ;

Il faut également intégrer dans la valeur de l'actif net comptable corrigé les risques non provisionnés, les risques d'impayés, les éléments portés dans le hors-bilan si la probabilité d'une réception ou d'un engagement définitifs semble forte et les dividendes à payer sur l'exercice en cours.

La valeur substantielle (VS) est basée sur l'idée qu'une entreprise a une valeur en fonction de son aptitude à exercer une activité. Elle est définie de deux manières différentes selon qu'il s'agit :

– de la valeur de continuation estimée sur la base de la valeur présente des biens et droits qui constituent le patrimoine de l'entreprise. En plus des actifs appartenant à l'entreprise, on prend en considération les biens loués ou pris en crédit-bail, les dépenses de remise en état alors que l'on retire les actifs inutiles, financiers ou hors exploitation. Dans ce cas, la valeur substantielle correspond à l'actif brut corrigé dans l'optique de la continuation de l'exploitation ;

– de l'actif net comptable corrigé sans déduction des dettes. La valeur substantielle représente alors les emplois utilisés par l'entreprise pour assurer son exploitation, sans tenir compte de leur mode de financement. Si tous les experts s'accordent pour ne pas tenir compte des biens ne servant pas à l'exploitation, un débat existe entre eux pour savoir s'il faut inclure dans la valeur substantielle les biens en location utilisés de manière durable pour l'exploitation et s'il faut déduire les réparations à effectuer sur ces actifs. La valeur substantielle est alors égale à l'actif net comptable corrigé + passif exigible + éléments d'exploitation loués – coûts de réparation.

Les capitaux permanents nécessaires à l'exploitation (CPNE) sont définis comme « les ressources qui permettent à l'entreprise d'assurer son équilibre financier et un fonctionnement économique optimal de son potentiel productif ». Ils correspondent au financement de ses investissements et du montant permanent de son besoin en fonds de roulement, compte tenu des prévisions d'activité. Ils sont égaux aux valeurs immobilisées nécessaires à l'exploitation (hors éléments financiers ou hors exploitation) augmentées du besoin en fonds de roulement nécessaire à la mise en valeur de ces immobilisations. La philosophie de la méthode est beaucoup plus financière qu'industrielle.

La valeur de liquidation (VL) concerne les entreprises qui cessent leur activité. Elle représente la valeur de l'entreprise lors de sa cession, dans les plus mauvaises conditions possibles. Les éléments de l'actif sont évalués à leur valeur physique la plus faible : les frais d'établissement et les autres immobilisations incorporelles sont ramenés à zéro et considérés comme des pertes, les machines à leur poids, les créances à leur valeur présente, les stocks à leur valeur de braderie. Les éléments du passif sont accrus des frais de liquidation (honoraires des liquidateurs, frais de recouvrement, frais de publicité de la cessation d'activité, frais de radiation du registre du commerce, pénalités de remboursement anticipé des emprunts, indemnités de licenciement des salariés, impôts résultant de la liquidation…).

II. LES MÉTHODES D'ÉVALUATION PAR LA RENTABILITÉ

Toutes les méthodes d'évaluation par la rentabilité passent par la capitalisation ou l'actualisation d'un résultat et reposent sur deux concepts :

– le bénéfice actualisé, c'est-à-dire les flux nets de trésorerie (donc sans les amortissements) que l'entreprise dégage, égaux à ses encaissements actualisés diminués de ses décaissements (investissements plus accroissement de ses besoins en fonds de roulement) actualisés ;

– le taux de rentabilité interne (TRI), c'est-à-dire le taux de rentabilité de l'entreprise, techniquement, le taux d'actualisation qui annule sa valeur actuelle nette.

Les différentes valeurs que l'on peut obtenir à partir de la capitalisation sont :

– la valeur de rendement (Vr), provenant de la capitalisation de la moyenne des résultats nets comptables des trois dernières années ;

– la valeur de rentabilité (Ve), provenant de la capitalisation de la moyenne des dividendes versés au cours des trois dernières années ;

– la valeur du potentiel théorique de croissance (Vp), provenant de la capitalisation de la moyenne de la capitalisation de la capacité d'autofinancement des trois dernières années ;

– la valeur du potentiel net de croissance (Vpn), provenant de la capitalisation de la moyenne de l'autofinancement des trois dernières années.

– la valeur actualisée (Va) provenant de la somme de la capacité d'autofinancement sur plusieurs années.

Lorsque la capitalisation est réalisée à un horizon infini, elle est remplacée par l'actualisation qui s'applique sur une période limitée (en général trois ou cinq ans) et qui se fait au taux de rentabilité exigé par les investisseurs.

Éclairage

L'idée générale présidant aux méthodes d'évaluation par la rentabilité est que la valeur de l'entreprise dépend non seulement du prix auquel on peut estimer qu'on la revendra à un horizon donné, mais aussi de l'un des revenus qu'elle procure (la valeur ajoutée, l'excédent brut d'exploitation, le résultat courant avant impôt, le résultat net comptable, le dividende, les flux de trésorerie disponible, la capacité d'autofinancement, l'autofinancement...) qu'elle génère et que l'on peut capitaliser sur une certaine période.

Éclairage

L'actualisation permet de ramener une valeur future à sa valeur d'aujourd'hui, en anticipant la hausse des prix pendant les années au cours desquelles l'entreprise est censée exister. Comme son nom l'indique, la capitalisation a pour but de déterminer un capital (C), dans le cas présent la valeur de l'entreprise, à partir d'un résultat (R) auquel on applique un taux de capitalisation (t) : $C = R / t$.

III. LES MÉTHODES D'ÉVALUATION PAR LE GOODWILL

La valeur d'une entreprise n'est pas seulement l'addition d'éléments matériels mais leur agrégation avec des facteurs subjectifs qui, ensemble, forment une véritable organisation.

Les principes de l'évaluation par le goodwill sont communs à toutes les méthodes qui utilisent ce concept. Il existe deux notions de goodwill :

– la notion comptable correspond à la différence entre l'une des valeurs de bilan réévaluée et sa valeur calculée ;

– la notion financière s'explique par le surplus, à une date donnée, de la valeur globale d'une entreprise par rapport à la valeur déterminée à partir de son bilan. C'est cette dernière approche qui est le plus souvent retenue.

Éclairage

L'évaluation par le goodwill (survaleur) combine les méthodes d'évaluation à partir du patrimoine et à partir des flux.

Le goodwill est calculé à partir de la capitalisation de l'écart entre le profit effectif de l'entreprise et le profit qu'elle devrait normalement retirer de sa structure patrimoniale. Cet écart correspond à un ensemble subjectif d'immobilisations incorporelles (appelé fonds de commerce) qui provient de l'organisation générale de l'entreprise, de son emplacement, de l'impact de son nom, du savoir-faire de son personnel, du dynamisme de sa gestion, de la réputation qu'elle a auprès de ses clients, de la fidélité et de la qualité de ces derniers, de ses relations avec ses fournisseurs, de l'accueil général réservé à ses produits, de son attitude vis-à-vis de ses concurrents…

Cet ensemble est évalué globalement, donc de manière agrégée, et non par la somme des différents éléments qui le composent. En effet, son existence permet à l'entreprise d'obtenir une rente économique, c'est-à-dire une capacité bénéficiaire supérieure à ce qu'elle devrait être si on ne tenait compte que des postes inscrits dans son bilan. Par exemple, des charges inscrites dans le bilan et non dans le compte de résultat (les frais de publicité, de recherche, de développement d'un réseau commercial…) contribuent à l'existence de cette valeur supplémentaire à l'entreprise.

Le bénéfice d'exploitation pris en compte est soit la moyenne des bénéfices passés soit les anticipations de bénéfices futurs qui peuvent être pondérés de manière décroissante à mesure que le temps passe. En effet, l'une des difficultés du goodwill est que sa valeur varie avec le temps.

ATTENTION !

Il peut arriver que le goodwill se transforme en badwill lorsque la capacité bénéficiaire effective de l'entreprise est inférieure à ce qu'elle devrait normalement être.

astuce

Certains évaluateurs utilisent la valeur substantielle ou les capitaux permanents nécessaires à l'exploitation plutôt que l'actif net comptable corrigé.

Éclairage

Au total, la valeur globale d'une entreprise (Vg) est égale au montant de son actif net comptable corrigé (ANCC) plus la valeur de ces éléments incorporels représentés par le goodwill (GW) :

La différence entre la capacité bénéficiaire réellement observée dans l'entreprise et la capacité bénéficiaire qui devrait normalement être générée par les éléments constitutifs de son bilan est appelée le superbénéfice ou la rente du goodwill. La capacité bénéficiaire normale se calcule soit en fonction des taux de rentabilité que l'on rencontre habituellement dans des entreprises dont la situation est semblable à celle de l'entreprise concernée soit en fonction du taux de rentabilité minimal qu'un investisseur est en droit d'attendre de l'acquisition d'une telle entreprise. Le superbénéfice s'explique par la rente de situation dont toute entreprise bénéficie, quelle qu'en soit la raison, par rapport à ses concurrents.

Dans tous les cas, la capacité bénéficiaire prise en considération doit être corrigée pour tenir compte des retraitements entraînés par le calcul de l'actif net comptable corrigé (sursalaires ou autres avantages anormaux dont bénéficient les dirigeants, charges ou produits générés par une évaluation correcte des stocks, véritables dotations aux amortissements et aux provisions, produits et charges exceptionnels éliminés…).

Le goodwill est calculé à partir de l'actualisation de la rente du goodwill sur sa durée de vie estimée. L'actualisation est nécessaire car l'encaissement de la rente est différé dans le temps. Le taux d'actualisation retenu mesure le taux de renoncement de la disponibilité financière des capitaux. Il est calculé à partir du taux de placement minimum des capitaux, de la prime de risque de l'entreprise considérée, de la rentabilité du secteur auquel elle appartient, de la hausse des prix prévue.

Certains auteurs proposent d'amortir le goodwill afin que ce ne soit pas seulement l'acheteur qui le paie, mais qu'il soit réparti entre l'acheteur et le vendeur. L'amortissement est alors réalisé sur la durée retenue de la rente ou sur une durée plus courte. D'autres remettent en cause le calcul de la rente elle-même : celle-ci devient l'excédent du bénéfice non sur la rémunération de la valeur substantielle ou des capitaux permanents nécessaires à l'exploitation, mais sur la rémunération du prix que l'acheteur est prêt à payer.

Dans la méthode indirecte, la rente du goodwill est capitalisée sur une durée infinie, au taux de rentabilité de l'entreprise. On considère que la valeur globale (Vg) de l'entreprise est égale à la moyenne de la somme de l'actif net comptable corrigé (ANCC) et de la valeur de rendement (VR). Le goodwill est, alors, égal à la moitié de la différence entre la valeur de l'actif net comptable corrigé et la valeur de rendement. Des aménagements de cette méthode sont quelquefois proposés. Ainsi, certains auteurs substituent au résultat d'exploitation la rentabilité économique, indépendante de la politique de financement de l'entreprise. D'autres estiment qu'il faut remplacer l'actif net comptable corrigé par la valeur de liquidation et la valeur du résultat d'exploitation par le dividende moyen des trois dernières années divisé par le taux d'intérêt appliqué en matière commerciale lorsque l'on est en présence d'une entreprise industrielle. La raison de cet aménagement est que valeur liquidative et valeur de rendement évoluent en sens inverse : ce qui n'est pas distribué augmente l'actif et vice versa. L'inconvénient de cette méthode est qu'elle suppose que l'entreprise distribue régulièrement des dividendes, ce qui n'est pas toujours vérifié dans la réalité, surtout dans les petites et moyennes entreprises. De plus, on peut critiquer le fait d'actualiser le dividende à un taux sans risque.

Éclairage

Deux grandes méthodes sont proposées de l'évaluation par le goodwill : la méthode indirecte (dite méthode des praticiens) et la méthode directe (dite méthode des Anglo-saxons).

Dans la méthode directe, la valeur globale (Vg) est égale à l'actif net comptable corrigé (ANCC) augmenté du résultat d'exploitation hors charges financières. La rente du goodwill est capitalisée sur une durée infinie au taux d'actualisation, souvent majoré de 25 à 50 % pour prendre en compte le risque. La valeur obtenue par cette méthode est supérieure à celle obtenue par la méthode indirecte parce que le superbénéfice est capitalisé sur une période infinie et les valeurs obtenues de cette façon sont toujours supérieures aux valeurs trouvées par l'actualisation à un horizon fini de n périodes.

Les méthodes d'évaluation basées sur le goodwill présentent l'avantage de la simplicité et de la rapidité. Elles condensent dans une formule concise une approche de l'évaluation. En effet, elles sont fondées sur la notion de richesse et d'accumulation prévisionnelle du profit, prennent en compte le fait que la rente du goodwill est directement dépendante du risque d'exploitation de l'entreprise (structure de ses coûts, niveau d'activité...) et permettent de gommer les erreurs provenant d'une mauvaise évaluation des actifs d'exploitation. Ainsi, une surévaluation est compensée par une réduction du goodwill puisque la rentabilité est calculée à partir des capitaux nécessaires tandis qu'une sous-évaluation est compensée par une augmentation du goodwill.

Mais ces méthodes sont source de plusieurs difficultés : fixation de la durée de la rente, hypothèse de la continuation sur le long terme d'une tendance fixée à l'origine (de nombreuses entreprises en croissance voient leur situation se retourner au bout de quelques années), utilisation de paramètres souvent simplistes sans tenir compte des problèmes d'équilibre financier, d'investissement et de financement.

Au total, les méthodes du goodwill sont beaucoup plus envisageables pour des entreprises de taille modeste, à structure simple, à croissance faible ou nulle, à activité non cyclique et dont la technologie est stabilisée, que pour des entreprises de grande taille.

Toutes ces méthodes d'évaluation comptables présentent le même inconvénient. En effet, s'il est logique que les éléments constitutifs du bilan soient évalués de manière indépendante, il est également nécessaire de prendre en considération leur complémentarité. Par exemple, l'ensemble composé d'un terrain et d'un entrepôt n'a pas la même valeur que la somme des valeurs du terrain et de l'entrepôt pris séparément. Ce sont les raisons pour lesquelles il existe diverses autres méthodes extra-comptables empiriques qui présentent l'avantage d'être acceptées par tous les acteurs d'un même secteur. En dehors des sociétés cotées en bourse qui font l'objet d'évaluations particulières, trois critères sont alors retenus : le bénéfice net moyen annuel (surtout pour les entreprises commerciales de gros), le chiffre d'affaires moyen annuel et la surface des locaux (surtout pour les entreprises commerciales de détail).

De son côté, l'administration fiscale fixe utilise trois normes pour contrôler les estimations faites :
– la valeur mathématique (VM), égale à l'actif net comptable corrigé (ANCC) augmenté de la valeur du fonds de commerce (FC) ;
– la valeur de rendement (VR), calculée à partir de la capitalisation à un taux d'environ 5 % du dividende (D) moyen distribué au cours des dernières années ;

– la valeur de productivité (VP) appréciée par la capitalisation à un taux, (la plupart du temps compris entre 12 et 15 %) du bénéfice moyen des trois dernières années.

On peut donner quelques exemples d'évaluation fiscale déterminée à partir des critères précédents. Ainsi, dans le domaine commercial, de petites et moyennes entreprises sont fréquemment évaluées selon la formule (VM + VR) / 2, tandis que des sociétés plus importantes sont plutôt évaluées (VM + 3 VR) / 4. En revanche, dans le domaine industriel, les petites et moyennes entreprises sont appréciées la plupart du temps par (VM + 2 VP) / 5 et les sociétés plus importantes par (VM + VP) / 4.

Lexique

Actif d'un bilan : Ensemble des emplois d'une entreprise

Action : Titre de propriété dans une société par actions

Action à dividende prioritaire : Action qui donne droit à un dividende privilégié, mais qui est privée du droit de vote

Action de priorité : Action qui donne un droit prioritaire lors de la distribution de dividendes ou du partage du bonus en cas de liquidation,

Action privilégiée : Synonyme d'action de priorité

Actionnaire : Associé dans une société par actions

Actualisation : Méthode ramenant une valeur future à sa valeur d'aujourd'hui

Amortissement : Constatation d'une dépréciation irréversible et régulière de certaines immobilisations

Amortissement d'un emprunt : Remboursement d'un emprunt

Amortissement du capital social : Remboursement de la valeur nominale des titres d'une société

Associé : Propriétaire d'une société

Balance : Document comptable non obligatoire permettant de s'assurer que toutes les opérations d'une entreprise ont été correctement enregistrées

Bilan : Description en valeur, à un moment donné, du patrimoine d'une entreprise

Bon de souscription d'actions : Titre non rémunéré convertible en actions

Capacité d'autofinancement : Résultat monétaire d'un exercice avant paiement des dividendes

Capitalisation : Capital déterminé à partir d'un revenu

Capitaux permanents : Capitaux propres plus capitaux empruntés à moyen et long terme

Charge : Décomposition d'une perte par nature

Charge calculée : Charge qui ne donne lieu à aucune sortie d'argent

Comptabilité en partie double : Comptabilité qui enregistre les opérations sous les deux formes qu'elles revêtent (ressources et emplois) de montants égaux

Compte : Rubrique enregistrant les mouvements affectant chaque poste du bilan

Compte soldé : Compte dont le solde est amené à zéro soit parce que l'élément auquel il se rapporte n'existe plus soit parce qu'il est transféré dans un autre compte

Coup d'accordéon : Augmentation du capital d'une société immédiatement suivi d'une réduction de ce même capital afin d'apurer des pertes

Coupon : Intérêt annuel d'une obligation

Coût historique : Coût d'acquisition d'un bien

Dépréciation : Amortissement d'une immobilisation ou provision sur un élément d'actif

Dividende : Rémunération d'une part sociale ou d'une action

Domiciliation : Nom de l'organisme financier qui va payer au nom du débiteur un effet de commerce à son bénéficiaire

Emprunt obligataire : Emprunt formé par des obligations

Exercice comptable : Laps de temps, en général une année, qui sépare l'établissement des documents comptables et sur lequel est calculé l'impôt dû par une entreprise sur son résultat

Emprunt convertible : Emprunt sous forme d'obligations pouvant être converties, à la demande de l'obligataire, en actions

Fair value : Juste valeur

Grand-Livre : Document comptable obligatoire constitué de l'ensemble des comptes d'une entreprise

Hors-bilan : Créances ou dettes non certaines et ne pouvant figurer dans le bilan

Immobilisation : Élément d'actif conservé pendant plus d'un an

Inventaire intermittent : Méthode comptable, consistant à conserver invariables les comptes de stocks de marchandises, de biens produits, de matières premières et d'approvisionnements tout au long d'un exercice

Inventaire permanent : Méthode comptable, consistant à modifier les comptes de stocks de marchandises, de biens produits, de matières premières et d'approvisionnements à chaque entrée et chaque sortie

Journal : Document comptable obligatoire constitué par l'enregistrement chronologique des opérations d'une entreprise

Juste valeur : Évaluation d'un bien au prix auquel il pourrait être échangé entre deux parties compétentes n'ayant aucun lien de dépendance et agissant en toute liberté, donc au prix sur un marché

Libération du capital : Versement en une ou plusieurs fois des promesses d'apport par les associés lors de la création d'une société ou à l'occasion d'une augmentation de capital

Obligation : Titre de créance d'un emprunt obligataire

Obligation convertible en actions : Obligation pouvant être transformée sous certaines conditions en actions

Obligation remboursable en actions : Obligation devant être transformée en actions

Partie double : Technique comptable consistant à enregistrer toutes les opérations comptables sous leur double aspect de ressource(s) et d'emploi(s)

Part sociale : Titre de propriété dans une société de personnes et une société de type intermédiaire

Passif d'un bilan : Ensemble des ressources d'une entreprise

Poste d'un bilan : Appellation de chaque élément qui apparaît dans un bilan

Principe de bonne information : Principe selon lequel les informations comptables doivent donner à leurs utilisateurs une description adéquate, loyale, claire, précise et complète des opérations, événements et situations

Principe de continuité de l'exploitation : Principe selon lequel les documents comptables doivent être établis en faisant l'hypothèse que l'entreprise poursuivra comme elle en a l'habitude son activité.

Principe de fidélité : Principe selon lequel, à l'effet de présenter des états reflétant une image fidèle de la situation et des opérations de l'entreprise, la comptabilité doit satisfaire dans le respect de la règle de prudence aux obligations de régularité et sincérité

Principe de l'importance relative : Principe selon lequel l'entreprise doit fournir, tous les éléments d'information pour autant qu'ils ont une importance significative par rapport aux données des autres comptes annuels

Principe de l'indépendance des exercices : Principe selon lequel l'entreprise doit déterminer un résultat par an, correspondant à toutes les opérations mais aux seules opérations de cette année

Principe de nominalisme : Principe selon lequel la référence pour l'évaluation des biens de l'entreprise est la valeur nominale de la monnaie

Principe de non-compensation : Principe selon lequel toute compensation au niveau de la présentation des postes est interdite

Principe de permanence des méthodes : Principe selon lequel la cohérence des informations comptables au cours des périodes successives implique la permanence dans l'application des règles et procédures. Toute exception à ce principe doit être justifiée par la recherche d'une meilleure information

Principe de prudence : Principe selon lequel l'application raisonnable des faits afin d'éviter le risque de transfert sur l'avenir d'incertitudes présentes susceptibles de grever le patrimoine et les résultats de l'entreprise

Principe de régularité : Principe selon lequel la tenue de la comptabilité conforme aux règles et procédures en vigueur

Principe de sincérité : Principe selon lequel l'application de bonne foi des règles et procédures en fonction de la connaissance que les responsables des comptes doivent normalement avoir de la réalité et de l'importance des opérations, événements et situations

Produit : Décomposition d'un profit par nature

Produit calculé : Produit qui ne donne lieu à aucune entrée d'argent

Provision d'actif : Constatation d'une dépréciation réversible et irrégulière de certains éléments d'actif

Provision de passif : Dette certaine mais dont le montant ou l'échéance est incertain

Rompus : Parties d'anciennes actions qu'il faut acquérir pour se porter acheteur d'un nombre entier de nouvelles actions lors d'une augmentation de capital

Situation nette : Apports, augmentés des profits réalisés et non distribués ou diminués des pertes supportées

Solde d'un compte : Valeur nette de ce compte, égale à son montant initial plus les sommes qui ont conduit à l'augmenter moins les sommes qui ont conduit à le diminuer

Somme distribuable : Profit de l'exercice et réserves distribuables provenant des profits non distribués des années précédentes

Titre amorti d'une société : Titre de propriété d'une société dont la valeur nominale a été remboursée aux associés

Valeur résiduelle : Coût historique moins cumul des dépréciations

Les principaux comptes du plan comptable général

CLASSE 1 – COMPTES DE CAPITAUX

10 Capital et réserves

101 Capital

104 Primes liées au capital social

105 Écarts de Réévaluation

106 Réserves

108 Compte de l'exploitant

109 Actionnaires, capital souscrit, non appelé

11 Report à nouveau

12 Résultat de l'exercice

13 Subventions d'investissement

14 Provisions réglementées

142 Provisions réglementées relatives aux immobilisations

143 Provisions réglementées relatives aux stocks

144 Provisions réglementées relatives aux éléments de l'actif

145 Amortissements dérogatoires

15 Provisions

151 Provisions pour risques

155 Provisions pour impôts

158 Autres provisions pour charges

16 Emprunts et dettes assimilées

161 Emprunts obligataires convertibles

163 Autres emprunts obligataires

164 Emprunts auprès des établissements de crédit

166 Participation des salariés aux résultats

168 Autres emprunts et dettes assimilées

169 Primes de remboursement des obligations

17 Dettes rattachées à des participations

CLASSE 2 – COMPTES D'IMMOBILISATIONS

20 Immobilisations incorporelles

201 Frais d'établissement

203 Frais de recherche et de développement

205 Concessions et droits similaires, brevets, licences, marques, procédés, logiciels, droits et valeurs similaires
206 Droit au bail
207 Fonds de commerce
208 Autres immobilisations incorporelles
21 Immobilisations corporelles
211 Terrains
212 Agencements et aménagements de terrains
213 Constructions
216 Installations techniques, matériel et outillage industriels
218 Autres immobilisations corporelles
23 Immobilisations en cours
26 Participations et créances rattachées à des participations
261 Titres de participation
267 Créances rattachées à des participations
27 Autres immobilisations financières
271 Titres immobilisés autres que les titres immobilisés de l'activité de portefeuille (droit de propriété)
272 Titres immobilisés (droit de créance)
273 Titres immobilisés de l'activité de portefeuille
274 Prêts
275 Dépôts et cautionnements versés
277 Actions propres
28 Amortissements des immobilisations
280 Amortissements des immobilisations incorporelles
281 Amortissements des immobilisations corporelles
29 Dépréciations des immobilisations
290 Provisions pour dépréciations des immobilisations incorporelles
291 Dépréciations des immobilisations corporelles
296 Dépréciations des participations et créances rattachées à des participations
297 Dépréciations des autres immobilisations financières

CLASSE 3 – COMPTES DE STOCKS ET EN-COURS
31 Matières premières et fournitures
311 Matières
317 Fournitures
32 Autres approvisionnements
321 Matières consommables
322 Fournitures consommables

326 Emballages

33 En-cours de production de biens

34 En-cours de production de services

35 Stocks de produits

351 Produits intermédiaires

355 Produits finis

37 Stocks de marchandises

39 Dépréciations des stocks et encours

391 Dépréciations des matières premières et fournitures

392 Dépréciations des autres approvisionnements

393 Dépréciations des encours de production de biens

394 Dépréciations des encours de production de services

395 Dépréciations des stocks de produits

397 Dépréciations des stocks de marchandises

CLASSE 4 – COMPTES DE TIERS

40 Fournisseurs et comptes rattachés

401 Fournisseurs

403 Fournisseurs, effets à payer

404 Fournisseurs d'immobilisations

408 Fournisseurs, factures non parvenues

409 Fournisseurs débiteurs

41 Clients et comptes rattachés

411 Clients

413 Clients, effets à recevoir

416 Clients douteux ou litigieux

418 Clients, produits non encore facturés

419 Clients créditeurs

42 Personnel et comptes rattachés

421 Personnel, rémunérations dues

425 Personnel, avances et acomptes

43 Sécurité sociale et autres organismes sociaux

431 Sécurité sociale

437 Autres organismes sociaux

44 État et autres collectivités publiques

444 État, impôt sur les bénéfices

445 État, impôt sur le chiffre d'affaires

447 Autres impôts, taxes et versements assimilés

45 Groupe et associés

455 Associés, comptes courants
456 Associés, opérations sur le capital
457 Associés, dividendes à payer
46 Débiteurs divers et créditeurs divers
47 Comptes transitoires ou d'attente
476 Différences de conversion, actif
477 Différences de conversion, passif
48 Comptes de régularisation
481 Charges à répartir sur plusieurs exercices
486 Charges constatées d'avance
487 Produits constatés d'avance
49 Dépréciations des comptes de tiers
491 Dépréciations des comptes de clients
495 Dépréciations des comptes du groupe ou des associés
496 Dépréciations des comptes de débiteurs divers

CLASSE 5 – COMPTES FINANCIERS
50 Valeurs mobilières de placement
502 Actions propres
503 Actions
506 Obligations
507 Bons du Trésor et bons de caisse à court terme
508 Autres valeurs mobilières de placement et autres créances assimilées
51 Banques, établissements financiers et assimilés
511 Valeurs à l'encaissement
512 Banques
514 Chèques postaux
52 Instruments de trésorerie
53 Caisse
59 Dépréciations des comptes financiers
590 Dépréciations des valeurs mobilières de placement

CLASSE 6 – COMPTES DE CHARGES
60 Achats
601 Achats stockés, matières premières et fournitures
602 Achats stockés, autres approvisionnements
603 Variation des stocks, approvisionnements et marchandises
606 Achats non stockés de matières et fournitures
607 Achats de marchandises

609 Rabais, remises et ristournes obtenus sur achats

61/62 Autres charges externes

61 Services extérieurs

612 Redevances de crédit-bail
613 Locations
614 Charges locatives et de copropriété
615 Entretien et réparations
616 Primes d'assurance
617 Études et recherche
618 Divers

62 Autres services extérieurs

621 Personnel extérieur à l'entreprise
622 Rémunérations d'intermédiaires et honoraires
623 Publicité, publications, relations publiques
624 Transports de biens et transports collectifs de personnel
625 Déplacements, missions et réceptions
626 Frais postaux et frais de télécommunications
627 Services bancaires et assimilés
628 Divers

63 Impôts, taxes et versements assimilés

64 Charges de personnel

641 Rémunérations du personnel
645 Charges de sécurité sociale et de prévoyance
647 Autres charges sociales
648 Autres charges de personnel

65 Autres charges de gestion courante

651 Redevances pour concessions, brevets, licences, procédés, logiciels, droits et valeurs similaires
653 Jetons de présence
654 Pertes sur créances irrécouvrables
658 Charges diverses de gestion courante

66 Charges financières

661 Charges d'intérêts
665 Escomptes accordés
666 Pertes de change
667 Charges nettes sur cessions de valeurs mobilières de placement
668 Autres charges financières

67 Charges exceptionnelles

671 Charges exceptionnelles sur opérations de gestion

672 Charges sur exercices antérieurs
675 Valeurs comptables des éléments d'actif cédés
678 Autres charges exceptionnelles
68 Dotations aux amortissements, aux dépréciations et aux provisions
681 Dotations aux amortissements, aux dépréciations et aux provisions, charges d'exploitation
686 Dotations aux amortissements, aux dépréciations et aux provisions, charges financières
681 Dotations aux amortissements, aux dépréciations et aux provisions, charges exceptionnelles
69 Participation des salariés, impôts sur les bénéfices et assimilés
691 Participation des salariés aux résultats
695 Impôts sur les bénéfices

CLASSE 7 – COMPTES DE PRODUITS

70 Ventes de produits fabriqués, prestations de services, marchandises
701 Ventes de produits finis
704 Travaux
705 Études
706 Prestations de services
707 Ventes de marchandises
708 Produits des activités annexes
709 Rabais, remises et ristournes accordés par l'entreprise
71 Production stockée
713 Variation des stocks, encours de production, produits
72 Production immobilisée
74 Subventions d'exploitation
75 Autres produits de gestion courante
76 Produits financiers
761 Produits de participations
762 Produits des autres immobilisations financières
763 Revenus des autres créances
764 Revenus des valeurs mobilières de placement
765 Escomptes obtenus
766 Gains de change
767 Produits nets sur cessions de valeurs mobilières de placement
768 Autres produits financiers
77 Produits exceptionnels
771 Produits exceptionnels sur opérations de gestion

772 Produits sur exercices antérieurs
775 Produits des cessions d'éléments d'actif
778 Autres produits exceptionnels
78 Reprises sur amortissements, aux dépréciations et provisions
781 Reprises sur amortissements et provisions, produits d'exploitation
786 Reprises sur provisions pour risques et dépréciations, produits financiers
787 Reprises sur provisions et dépréciations, produits exceptionnels
79 Transferts de charges

Liasse fiscale

cerfa N° 10937 ✱ 14
Formulaire obligatoire (article 53 A du code général des impôts).

① **BILAN – ACTIF**

DGFiP N° 2050 2012
@internet-DGFiP

1er EXEMPLAIRE DESTINÉ A L'ADMINISTRATION

Désignation de l'entreprise : ______ Durée de l'exercice exprimée en nombre de mois * ⌴⌴

Adresse de l'entreprise ______ Durée de l'exercice précédent * ⌴⌴

Numéro SIRET * ☐☐☐☐☐☐☐☐☐☐☐☐☐☐ Néant ☐ *

		Poste		Brut 1		Amortissements, provisions 2	Exercice N clos le, Net 3	N - 1 Net 4
		Capital souscrit non appelé (I)	AA					
ACTIF IMMOBILISÉ *	IMMOBILISATIONS INCORPORELLES	Frais d'établissement *	AB		AC			
		Frais de développement *	CX		CQ			
		Concessions, brevets et droits similaires	AF		AG			
		Fonds commercial (1)	AH		AI			
		Autres immobilisations incorporelles	AJ		AK			
		Avances et acomptes sur immobilisations incorporelles	AL		AM			
	IMMOBILISATIONS CORPORELLES	Terrains	AN		AO			
		Constructions	AP		AQ			
		Installations techniques, matériel et outillage industriels	AR		AS			
		Autres immobilisations corporelles	AT		AU			
		Immobilisations en cours	AV		AW			
		Avances et acomptes	AX		AY			
	IMMOBILISATIONS FINANCIÈRES (2)	Participations évaluées selon la méthode de mise en équivalence	CS		CT			
		Autres participations	CU		CV			
		Créances rattachées à des participations	BB		BC			
		Autres titres immobilisés	BD		BE			
		Prêts	BF		BG			
		Autres immobilisations financières *	BH		BI			
		TOTAL (II)	BJ		BK			
ACTIF CIRCULANT	STOCKS *	Matières premières, approvisionnements	BL		BM			
		En cours de production de biens	BN		BO			
		En cours de production de services	BP		BQ			
		Produits intermédiaires et finis	BR		BS			
		Marchandises	BT		BU			
		Avances et acomptes versés sur commandes	BV		BW			
	CRÉANCES	Clients et comptes rattachés (3)*	BX		BY			
		Autres créances (3)	BZ		CA			
		Capital souscrit et appelé, non versé	CB		CC			
	DIVERS	Valeurs mobilières de placement (dont actions propres :............................)	CD		CE			
		Disponibilités	CF		CG			
Comptes de régularisation		Charges constatées d'avance (3)*	CH		CI			
		TOTAL (III)	CJ		CK			
		Frais d'émission d'emprunt à étaler (IV)	CW					
		Primes de remboursement des obligations (V)	CM					
		Écarts de conversion actif * (VI)	CN					
		TOTAL GÉNÉRAL (I à VI)	CO		1A			

Renvois : (1) Dont droit au bail :		(2) Part à moins d'un an des immobilisations financières nettes :	CP		(3) Part à plus d'un an :	CR
Clause de réserve de propriété : *	Immobilisations :	Stocks :			Créances :	

* Des explications concernant cette rubrique sont données dans la notice n° 2032

N° 2050 - IMPRIMERIE NATIONALE

2012 02 38778 ND – Février 2012 – 116 554

cerfa N° 10938 * 15

Formulaire obligatoire (article 53 A du Code général des impôts)

② **BILAN — PASSIF avant répartition**

DGFiP N° 2051 2013

1er EXEMPLAIRE DESTINÉ À L'ADMINISTRATION

Désignation de l'entreprise ______________________ Néant ☐ *

			Exercice N	Exercice N - 1
CAPITAUX PROPRES	Capital social ou individuel (1)* (Dont versé : ....)	DA		
	Primes d'émission, de fusion, d'apport, ...	DB		
	Ecarts de réévaluation (2)* (dont écart d'équivalence EK)	DC		
	Réserve légale (3)	DD		
	Réserves statutaires ou contractuelles	DE		
	Réserves réglementées (3)* (Dont réserve spéciale des provisions pour fluctuation des cours B1)	DF		
	Autres réserves (Dont réserve relative à l'achat d'œuvres originales d'artistes vivants * EJ)	DG		
	Report à nouveau	DH		
	RÉSULTAT DE L'EXERCICE (bénéfice ou perte)	DI		
	Subventions d'investissement	DJ		
	Provisions réglementées *	DK		
	TOTAL (I)	DL		
Autres fonds propres	Produit des émissions de titres participatifs	DM		
	Avances conditionnées	DN		
	TOTAL (II)	DO		
Provisions pour risques et charges	Provisions pour risques	DP		
	Provisions pour charges	DQ		
	TOTAL (III)	DR		
DETTES (4)	Emprunts obligataires convertibles	DS		
	Autres emprunts obligataires	DT		
	Emprunts et dettes auprès des établissements de crédit (5)	DU		
	Emprunts et dettes financières divers (Dont emprunts participatifs EI)	DV		
	Avances et acomptes reçus sur commandes en cours	DW		
	Dettes fournisseurs et comptes rattachés	DX		
	Dettes fiscales et sociales	DY		
	Dettes sur immobilisations et comptes rattachés	DZ		
	Autres dettes	EA		
Compte régul.	Produits constatés d'avance (4)	EB		
	TOTAL (IV)	EC		
	Ecarts de conversion passif * **(V)**	ED		
	TOTAL GÉNÉRAL (I à V)	EE		
RENVOIS	(1) Écart de réévaluation incorporé au capital	1B		
	(2) Dont Réserve spéciale de réévaluation (1959)	1C		
	(2) Dont Écart de réévaluation libre	1D		
	(2) Dont Réserve de réévaluation (1976)	1E		
	(3) Dont réserve spéciale des plus-values à long terme *	EF		
	(4) Dettes et produits constatés d'avance à moins d'un an	EG		
	(5) Dont concours bancaires courants, et soldes créditeurs de banques et CCP	EH		

* Des explications concernant cette rubrique sont données dans la notice n° 2032.

N° 2051 - IMPRIMERIE NATIONALE Février 2013 - 126 495

cerfa N° 10167 * 17 ③ **COMPTE DE RÉSULTAT DE L'EXERCICE (En liste)** DGFiP N° 2052 2013

Formulaire obligatoire (article 53 A du Code général des impôts).

1er EXEMPLAIRE DESTINÉ À L'ADMINISTRATION

Désignation de l'entreprise : Néant ☐ *

		Exercice N France	Exercice N Exportations et livraisons intracommunautaires	Exercice N Total	Exercice (N-1)
PRODUITS D'EXPLOITATION	Ventes de marchandises *	FA	FB	FC	
	Production vendue – biens *	FD	FE	FF	
	Production vendue – services *	FG	FH	FI	
	Chiffres d'affaires nets *	FJ	FK	FL	
	Production stockée *			FM	
	Production immobilisée *			FN	
	Subventions d'exploitation			FO	
	Reprises sur amortissements et provisions, transferts de charges * (9)			FP	
	Autres produits (1) (11)			FQ	
	Total des produits d'exploitation (2) (I)			FR	
CHARGES D'EXPLOITATION	Achats de marchandises (y compris droits de douane)*			FS	
	Variation de stock (marchandises)*			FT	
	Achats de matières premières et autres approvisionnements (y compris droits de douane)*			FU	
	Variation de stock (matières premières et approvisionnements)*			FV	
	Autres achats et charges externes (3) (6 bis)*			FW	
	Impôts, taxes et versements assimilés *			FX	
	Salaires et traitements *			FY	
	Charges sociales (10)			FZ	
	DOTATIONS D'EXPLOITATION – Sur immobilisations – dotations aux amortissements *			GA	
	DOTATIONS D'EXPLOITATION – Sur immobilisations – dotations aux provisions			GB	
	DOTATIONS D'EXPLOITATION – Sur actif circulant : dotations aux provisions *			GC	
	DOTATIONS D'EXPLOITATION – Pour risques et charges : dotations aux provisions			GD	
	Autres charges (12)			GE	
	Total des charges d'exploitation (4) (II)			GF	
1 - RÉSULTAT D'EXPLOITATION (I – II)				GG	
opérations en commun	Bénéfice attribué ou perte transférée * (III)			GH	
	Perte supportée ou bénéfice transféré * (IV)			GI	
PRODUITS FINANCIERS	Produits financiers de participations (5)			GJ	
	Produits des autres valeurs mobilières et créances de l'actif immobilisé (5)			GK	
	Autres intérêts et produits assimilés (5)			GL	
	Reprises sur provisions et transferts de charges			GM	
	Différences positives de change			GN	
	Produits nets sur cessions de valeurs mobilières de placement			GO	
	Total des produits financiers (V)			GP	
CHARGES FINANCIÈRES	Dotations financières aux amortissements et provisions *			GQ	
	Intérêts et charges assimilées (6)			GR	
	Différences négatives de change			GS	
	Charges nettes sur cessions de valeurs mobilières de placement			GT	
	Total des charges financières (VI)			GU	
2 - RÉSULTAT FINANCIER (V – VI)				GV	
3 - RÉSULTAT COURANT AVANT IMPÔTS (I – II + III – IV + V – VI)				GW	

(RENVOIS : voir tableau n° 2053) * Des explications concernant cette rubrique sont données dans la notice n° 2032.

N° 2052 - IMPRIMERIE NATIONALE Février 2013 - 125 497

cerfa N° 10947*15 (4) **COMPTE DE RÉSULTAT DE L'EXERCICE (Suite)** DGFiP N° 2053 2013

Formulaire obligatoire (article 53 A du Code général des impôts)

1er EXEMPLAIRE DESTINÉ À L'ADMINISTRATION

Désignation de l'entreprise ______ Néant ☐*

			Exercice N	Exercice N – 1
PRODUITS EXCEPTIONNELS	Produits exceptionnels sur opérations de gestion	HA		
	Produits exceptionnels sur opérations en capital *	HB		
	Reprises sur provisions et transferts de charges	HC		
	Total des produits exceptionnels (7) **(VII)**	HD		
CHARGES EXCEPTIONNELLES	Charges exceptionnelles sur opérations de gestion (6 *bis*)	HE		
	Charges exceptionnelles sur opérations en capital *	HF		
	Dotations exceptionnelles aux amortissements et provisions	HG		
	Total des charges exceptionnelles (7) **(VIII)**	HH		
4 – RÉSULTAT EXCEPTIONNEL (VII – VIII)		HI		
Participation des salariés aux résultats de l'entreprise **(IX)**		HJ		
Impôts sur les bénéfices * **(X)**		HK		
TOTAL DES PRODUITS (I + III + V + VII)		HL		
TOTAL DES CHARGES (II + IV + VI + VIII + IX + X)		HM		
5 – BÉNÉFICE OU PERTE (Total des produits – total des charges)		HN		
RENVOIS	(1) Dont produits nets partiels sur opérations à long terme	HO		
	(2) Dont produits de locations immobilières	HY		
	(2) Dont produits d'exploitation afférents à des exercices antérieurs (à détailler au (8) ci- dessous)	1G		
	(3) Dont – Crédit-bail mobilier *	HP		
	(3) Dont – Crédit-bail immobilier	HQ		
	(4) Dont charges d'exploitation afférentes à des exercices antérieurs (à détailler au (8) ci- dessous)	1H		
	(5) Dont produits concernant les entreprises liées	1J		
	(6) Dont intérêts concernant les entreprises liées	1K		
	(6bis) Dont dons faits aux organismes d'intérêt général (art. 238 *bis* du C.G.I.)	HX		
	(9) Dont transferts de charges	A1		
	(10) Dont cotisations personnelles de l'exploitant (13)	A2		
	(11) Dont redevances pour concessions de brevets, de licences (produits)	A3		
	(12) Dont redevances pour concessions de brevets, de licences (charges)	A4		
	(13) Dont primes et cotisations complémentaires personnelles : facultatives A6 ___ obligatoires A9 ___			

(7) Détail des produits et charges exceptionnels (Si le nombre de lignes est insuffisant, reproduire le cadre (7) et le joindre en annexe) :	Exercice N – Charges exceptionnelles	Exercice N – Produits exceptionnels

(8) Détail des produits et charges sur exercices antérieurs :	Exercice N – Charges antérieures	Exercice N – Produits antérieurs

* Des explications concernant cette rubrique sont données dans la notice n° 2032.

N° 2053 – IMPRIMERIE NATIONALE Février 2013 – 126 498

cerfa N° 10169 ✱ 17
Formulaire obligatoire (article 53 A du Code général des impôts)

⑤ **IMMOBILISATIONS**

DGFiP N° 2054 2013

Désignation de l'entreprise ______ Néant ☐ *

1er EXEMPLAIRE DESTINÉ À L'ADMINISTRATION (Ne pas reporter le montant des centimes)*

CADRE A	IMMOBILISATIONS		Valeur brute des immobilisations au début de l'exercice (1)		Augmentations : Consécutives à une réévaluation pratiquée au cours de l'exercice ou résultant d'une mise en équivalence (2)		Augmentations : Acquisitions, créations, apports et virements de poste à poste (3)	
INCORP.	Frais d'établissement et de développement **TOTAL I**		CZ		D8		D9	
INCORP.	Autres postes d'immobilisations incorporelles **TOTAL II**		KD		KE		KF	
CORPORELLES	Terrains		KG		KH		KI	
CORPORELLES	Constructions : Sur sol propre	Dont Composants L9	KJ		KK		KL	
CORPORELLES	Constructions : Sur sol d'autrui	Dont Composants M1	KM		KN		KO	
CORPORELLES	Constructions : Installations générales, agencements* et aménagements des constructions	Dont Composants M2	KP		KQ		KR	
CORPORELLES	Installations techniques, matériel et outillage industriels	Dont Composants M3	KS		KT		KU	
CORPORELLES	Autres immobilisations corporelles : Installations générales, agencements, aménagements divers *		KV		KW		KX	
CORPORELLES	Autres immobilisations corporelles : Matériel de transport *		KY		KZ		LA	
CORPORELLES	Autres immobilisations corporelles : Matériel de bureau et mobilier informatique		LB		LC		LD	
CORPORELLES	Autres immobilisations corporelles : Emballages récupérables et divers *		LE		LF		LG	
CORPORELLES	Immobilisations corporelles en cours		LH		LI		LJ	
CORPORELLES	Avances et acomptes		LK		LL		LM	
CORPORELLES	**TOTAL III**		LN		LO		LP	
FINANCIÈRES	Participations évaluées par mise en équivalence		8G		8M		8T	
FINANCIÈRES	Autres participations		8U		8V		8W	
FINANCIÈRES	Autres titres immobilisés		1P		1R		1S	
FINANCIÈRES	Prêts et autres immobilisations financières		1T		1U		1V	
FINANCIÈRES	**TOTAL IV**		LQ		LR		LS	
	TOTAL GÉNÉRAL (I + II + III + IV)		ØG		ØH		ØJ	

CADRE B	IMMOBILISATIONS		Diminutions : par virement de poste à poste (1)		Diminutions : par cessions à des tiers ou mises hors service ou résultant d'une mise en équivalence (2)		Valeur brute des immobilisations à la fin de l'exercice (3)		Réévaluation légale * ou évaluation par mise en équivalence : Valeur d'origine des immobilisations en fin d'exercice (4)	
INCORP.	Frais d'établissement et de développement **TOTAL I**		IN		CØ		DØ		D7	
INCORP.	Autres postes d'immobilisations incorporelles **TOTAL II**		IO		LV		LW		1X	
CORPORELLES	Terrains		IP		LX		LY		LZ	
CORPORELLES	Constructions	Sur sol propre	IQ		MA		MB		MC	
CORPORELLES	Constructions	Sur sol d'autrui	IR		MD		ME		MF	
CORPORELLES	Constructions	Inst. gales, agencts et am. des constructions	IS		MG		MH		MI	
CORPORELLES	Installations techniques, matériel et outillage industriels		IT		MJ		MK		ML	
CORPORELLES	Autres immobilisations corporelles	Inst. gales, agencts, aménagements divers	IU		MM		MN		MO	
CORPORELLES	Autres immobilisations corporelles	Matériel de transport	IV		MP		MQ		MR	
CORPORELLES	Autres immobilisations corporelles	Matériel de bureau et informatique, mobilier	IW		MS		MT		MU	
CORPORELLES	Autres immobilisations corporelles	Emballages récupérables et divers*	IX		MV		MW		MX	
CORPORELLES	Immobilisations corporelles en cours		MY		MZ		NA		NB	
CORPORELLES	Avances et acomptes		NC		ND		NE		NF	
CORPORELLES	**TOTAL III**		IY		NG		NH		NI	
FINANCIÈRES	Participations évaluées par mise en équivalence		IZ		ØU		M7		ØW	
FINANCIÈRES	Autres participations		IØ		ØX		ØY		ØZ	
FINANCIÈRES	Autres titres immobilisés		I1		2B		2C		2D	
FINANCIÈRES	Prêts et autres immobilisations financières		I2		2E		2F		2G	
FINANCIÈRES	**TOTAL IV**		I3		NJ		NK		2H	
	TOTAL GÉNÉRAL (I + II + III + IV)		I4		ØK		ØL		ØM	

N° 2054 - IMPRIMERIE NATIONALE Février 2013 - 126 500

N° 10172 * 17

Formulaire obligatoire (article 53 A du Code général des impôts)

⑥

AMORTISSEMENTS

DGFiP N° 2055 2013

1er EXEMPLAIRE DESTINÉ À L'ADMINISTRATION

Désignation de l'entreprise ____________ Néant ☐ *

CADRE A — SITUATIONS ET MOUVEMENTS DE L'EXERCICE DES AMORTISSEMENTS TECHNIQUES (OU VENANT EN DIMINUTION DE L'ACTIF) *

IMMOBILISATIONS AMORTISSABLES		Montant des amortissements au début de l'exercice	Augmentations : dotations de l'exercice	Diminutions : amortissements afférents aux éléments sortis de l'actif et reprises	Montant des amortissements à la fin de l'exercice
Frais d'établissement et de développement TOTAL I		CY	EL	EM	EN
Autres immobilisations incorporelles TOTAL II		PE	PF	PG	PH
Terrains		PI	PJ	PK	PL
Constructions	Sur sol propre	PM	PN	PO	PQ
	Sur sol d'autrui	PR	PS	PT	PU
	Inst. générales, agencements et aménagements des constructions	PV	PW	PX	PY
Installations techniques, matériel et outillage industriels		PZ	QA	QB	QC
Autres immobilisations corporelles	Inst. générales, agencements, aménagements divers	QD	QE	QF	QG
	Matériel de transport	QH	QI	QJ	QK
	Matériel de bureau et informatique, mobilier	QL	QM	QN	QO
	Emballages récupérables et divers	QP	QR	QS	QT
TOTAL III		QU	QV	QW	QX
TOTAL GÉNÉRAL (I + II + III)		ØN	ØP	ØQ	ØR

CADRE B — VENTILATION DES MOUVEMENTS AFFECTANT LA PROVISION POUR AMORTISSEMENTS DÉROGATOIRES

Immobilisations amortissables		DOTATIONS			REPRISES			Mouvement net des amortissements à la fin de l'exercice
		Colonne 1 Différentiel de durée et autres	Colonne 2 Mode dégressif	Colonne 3 Amortissement fiscal exceptionnel	Colonne 4 Différentiel de durée et autres	Colonne 5 Mode dégressif	Colonne 6 Amortissement fiscal exceptionnel	
Frais établissements TOTAL I		M9	N1	N2	N3	N4	N5	N6
Autres immob. incorporelles TOTAL II		N7	N8	P6	P7	P8	P9	Q1
Terrains		Q2	Q3	Q4	Q5	Q6	Q7	Q8
Constructions	Sur sol propre	Q9	R1	R2	R3	R4	R5	R6
	Sur sol d'autrui	R7	R8	R9	S1	S2	S3	S4
	Inst. gales, agenc et am. des const.	S5	S6	S7	S8	S9	T1	T2
Inst. techniques mat. et outillage		T3	T4	T5	T6	T7	T8	T9
Autres immobilisations corporelles	Inst. gales, agenc am. divers	U1	U2	U3	U4	U5	U6	U7
	Matériel de transport	U8	U9	V1	V2	V3	V4	V5
	Mat. bureau et inform. mobilier	V6	V7	V8	V9	W1	W2	W3
	Emballages récup. et divers	W4	W5	W6	W7	W8	W9	X1
TOTAL III		X2	X3	X4	X5	X6	X7	X8
Frais d'acquisition de titres de participations TOTAL IV		NL			NM			NO
Total général (I + II + III + IV)		NP	NQ	NR	NS	NT	NU	NV
Total général non ventilé (NP + NQ + NR)		NW	Total général non ventilé (NS + NT + NU)	NY		Total général non ventilé (NW - NY)	NZ	

CADRE C

MOUVEMENTS DE L'EXERCICE AFFECTANT LES CHARGES RÉPARTIES SUR PLUSIEURS EXERCICES*	Montant net au début de l'exercice	Augmentations	Dotations de l'exercice aux amortissements	Montant net à la fin de l'exercice
Frais d'émission d'emprunt à étaler			Z9	Z8
Primes de remboursement des obligations			SP	SR

* Des explications concernant cette rubrique sont données dans la notice n° 2032

Février 2013 – 126 501

N° 2055 - IMPRIMERIE NATIONALE

cerfa N° 10943 * 15 ⑦ **PROVISIONS INSCRITES AU BILAN** DGFiP N° 2056 2013

Formulaire obligatoire (article 53 A du Code général des impôts)

1er EXEMPLAIRE DESTINÉ À L'ADMINISTRATION

Désignation de l'entreprise ______________ Néant ☐ *

	Nature des provisions		Montant au début de l'exercice 1		AUGMENTATIONS : Dotations de l'exercice 2		DIMINUTIONS : Reprises de l'exercice 3		Montant à la fin de l'exercice 4
Provisions réglementées	Provisions pour reconstitution des gisements miniers et pétroliers	3T		TA		TB		TC	
	Provisions pour investissement (art. 237 *bis* A-II)	3U		TD		TE		TF	
	Provisions pour hausse des prix (1) *	3V		TG		TH		TI	
	Amortissements dérogatoires	3X		TM		TN		TO	
	Dont majorations exceptionnelles de 30 %	D3		D4		D5		D6	
	Provisions fiscales pour implantations à l'étranger constituées avant le 1.1.1992 *	IA		IB		IC		ID	
	Provisions fiscales pour implantations à l'étranger constituées après le 1.1.1992 *	IE		IF		IG		IH	
	Provisions pour prêts d'installation (art. 39 *quinquies* H du CGI)	IJ		IK		IL		IM	
	Autres provisions réglementées (1)	3Y		TP		TQ		TR	
	TOTAL I	3Z		TS		TT		TU	
Provisions pour risques et charges	Provisions pour litiges	4A		4B		4C		4D	
	Provisions pour garanties données aux clients	4E		4F		4G		4H	
	Provisions pour pertes sur marchés à terme	4J		4K		4L		4M	
	Provisions pour amendes et pénalités	4N		4P		4R		4S	
	Provisions pour pertes de change	4T		4U		4V		4W	
	Provisions pour pensions et obligations similaires	4X		4Y		4Z		5A	
	Provisions pour impôts (1)	5B		5C		5D		5E	
	Provisions pour renouvellement des immobilisations *	5F		5H		5J		5K	
	Provisions pour gros entretien et grandes révisions	EO		EP		EQ		ER	
	Provisions pour charges sociales et fiscales sur congés à payer *	5R		5S		5T		5U	
	Autres provisions pour risques et charges (1)	5V		5W		5X		5Y	
	TOTAL II	5Z		TV		TW		TX	
Provisions pour dépréciation	sur immobilisations - incorporelles	6A		6B		6C		6D	
	sur immobilisations - corporelles	6E		6F		6G		6H	
	sur immobilisations - titres mis en équivalence	Ø2		Ø3		Ø4		Ø5	
	sur immobilisations - titres de participation	9U		9V		9W		9X	
	sur immobilisations - autres immobilisations financières (1)*	Ø6		Ø7		Ø8		Ø9	
	Sur stocks et en cours	6N		6P		6R		6S	
	Sur comptes clients	6T		6U		6V		6W	
	Autres provisions pour dépréciation (1)*	6X		6Y		6Z		7A	
	TOTAL III	7B		TY		TZ		UA	
	TOTAL GÉNÉRAL (I + II + III)	7C		UB		UC		UD	
	Dont dotations et reprises — d'exploitation			UE		UF			
	Dont dotations et reprises — financières			UG		UH			
	Dont dotations et reprises — exceptionnelles			UJ		UK			

Titres mis en équivalence : montant de la dépréciation à la clôture de l'exercice calculé selon les règles prévues à l'article 39-1-5e du C.G.I. | 10 |

(1) à détailler sur feuillet séparé selon l'année de constitution de la provision ou selon l'objet de la provision.

NOTA : Les charges à payer ne doivent pas être mentionnées sur ce tableau mais être ventilées sur l'état détaillé des charges à payer dont la production est prévue par l'article 38 II de l'annexe III au CGI.

* Des explications concernant cette rubrique sont données dans la notice n° 2032

N° 2056 - IMPRIMERIE NATIONALE Février 2013 – 126 503

cerfa N° 10950*15 ⑧
Formulaire obligatoire (article 53 A du Code général des impôts).

ÉTAT DES ÉCHÉANCES DES CRÉANCES ET DES DETTES A LA CLÔTURE DE L'EXERCICE *

DGFiP N° 2057 2013

1er EXEMPLAIRE DESTINÉ À L'ADMINISTRATION

Désignation de l'entreprise : ____________ Néant ☐ *

	CADRE A — ÉTAT DES CRÉANCES		Montant brut 1		A 1 an au plus 2		A plus d'un an 3
DE L'ACTIF IMMOBILISÉ	Créances rattachées à des participations	UL		UM		UN	
	Prêts (1) (2)	UP		UR		US	
	Autres immobilisations financières	UT		UV		UW	
DE L'ACTIF CIRCULANT	Clients douteux ou litigieux	VA					
	Autres créances clients	UX					
	Créance représentative de titres prêtés ou remis en garantie * (Provision pour dépréciation antérieurement constituée * UO)	Z1					
	Personnel et comptes rattachés	UY					
	Sécurité sociale et autres organismes sociaux	UZ					
	État et autres collectivités publiques — Impôts sur les bénéfices	VM					
	État et autres collectivités publiques — Taxe sur la valeur ajoutée	VB					
	État et autres collectivités publiques — Autres impôts, taxes et versements assimilés	VN					
	État et autres collectivités publiques — Divers	VP					
	Groupe et associés (2)	VC					
	Débiteurs divers (dont créances relatives à des opérations de pension de titres)	VR					
	Charges constatées d'avance	VS					
	TOTAUX	VT		VU		VV	

RENVOIS			
(1) Montant des	- Prêts accordés en cours d'exercice	VD	
	- Remboursements obtenus en cours d'exercice	VE	
(2)	Prêts et avances consentis aux associés (personnes physiques)	VF	

CADRE B — ÉTAT DES DETTES		Montant brut 1	A 1 an au plus 2	A plus d'1 an et 5 ans au plus 3	A plus de 5 ans 4
Emprunts obligataires convertibles (1)	7Y				
Autres emprunts obligataires (1)	7Z				
Emprunts et dettes auprès des établissements de crédit (1) — à 1 an maximum à l'origine	VG				
Emprunts et dettes auprès des établissements de crédit (1) — à plus d'1 an à l'origine	VH				
Emprunts et dettes financières divers (1) (2)	8A				
Fournisseurs et comptes rattachés	8B				
Personnel et comptes rattachés	8C				
Sécurité sociale et autres organismes sociaux	8D				
État et autres collectivités publiques — Impôts sur les bénéfices	8E				
État et autres collectivités publiques — Taxe sur la valeur ajoutée	VW				
État et autres collectivités publiques — Obligations cautionnées	VX				
État et autres collectivités publiques — Autres impôts, taxes et assimilés	VQ				
Dettes sur immobilisations et comptes rattachés	8J				
Groupe et associés (2)	VI				
Autres dettes (dont dettes relatives à des opérations de pension de titres)	8K				
Dette représentative de titres empruntés ou remis en garantie *	Z2				
Produits constatés d'avance	8L				
TOTAUX	VY		VZ		

RENVOIS				
(1)	Emprunts souscrits en cours d'exercice	VJ		(2) Montant des divers emprunts et dettes contractés auprès des associés personnes physiques VL
	Emprunts remboursés en cours d'exercice	VK		

* Des explications concernant cette rubrique sont données dans la notice n° 2032

N° 2057 - IMPRIMERIE NATIONALE Février 2013 - 126 504

cerfa N° 10951 ✱ 15
Formulaire obligatoire (article 53 A du Code général des impôts)

⑨ **DÉTERMINATION DU RÉSULTAT FISCAL**

DGFiP N° 2058-A 2013
@internet-DGFiP

1er EXEMPLAIRE DESTINÉ À L'ADMINISTRATION

Désignation de l'entreprise : ______ Néant ☐ *

Exercice N, clos le : | | | | | | | |

I. RÉINTÉGRATIONS

Libellé		Code	Montant
BÉNÉFICE COMPTABLE DE L'EXERCICE		WA	
Charges non admises en déduction du résultat fiscal — Rémunération du travail (entreprises à l'IR)	de l'exploitant ou des associés	WB	
	de son conjoint ______ moins part déductible* ______ à réintégrer :	WC	
Avantages personnels non déductibles* (sauf amortissements à porter ligne ci-dessous) WD ______	Amortissements excédentaires (art. 39-4 du CGI) et autres amortissements non déductibles WE ______	XE	
Autres charges et dépenses somptuaires (art. 39-4 du C.G.I.) WF ______	Taxe sur les voitures particulières des sociétés (entreprises à l'IS) WG ______		
Provisions et charges à payer non déductibles (cf. tableau 2058-B, cadre III) WI ______	Charges à payer liées à des états et territoires non coopératifs non déductibles (cf. 2067-*BIS*) XX ______	XW	
Amendes et pénalités WJ ______			
Réintégrations prévues à l'article 155 du CGI*		XY	
Impôt sur les sociétés (cf. page 9 de la notice 2032)		I7	
Quote-part — Bénéfices réalisés par une société de personnes ou un GIE WL ______	Résultats bénéficiaires visés à l'article 209 B du CGI L7 ______	K7	
Régimes d'imposition particuliers et impositions différées — Moins-values nettes à long terme	— imposées aux taux de 15 % ou de 19 % (16 % pour les entreprises soumises à l'impôt sur le revenu)	I8	
	— imposées aux taux de 0 %	ZN	
Fraction imposable des plus-values réalisées au cours d'exercices antérieurs*	— Plus-values nettes à court terme	WN	
	— Plus-values soumises au régime des fusions	WO	
Écarts de valeurs liquidatives sur OPCVM* (entreprises à l'IS)		XR	
Réintégrations diverses à détailler sur feuillet séparé DONT*	Intérêts excédentaires (art. 39-1-3e et 212 du C.G.I.) SU ______ ; Zones d'entreprises* (activité exonérée) SW ______ ; Déficits étrangers antérieurement déduit par les PME (art. 209C) SX ______ ; Quote-part de 12 % des plus-values à taux zéro M8 ______	WQ	
TOTAL I		WR	

II. DÉDUCTIONS

Libellé		Code	Montant
PERTE COMPTABLE DE L'EXERCICE		WS	
Quote-part dans les pertes subies par une société de personnes ou un G.I.E.*		WT	
Provisions et charges à payer non déductibles, antérieurement taxées, et réintégrées dans les résultats comptables de l'exercice (cf. tableau 2058-B, cadre III)		WU	
Régimes d'imposition particuliers et impositions différées — Plus-values nettes à long terme	— imposées au taux de 15 % (16 % pour les entreprises soumises à l'impôt sur le revenu)	WV	
	— imposées au taux de 0 %	WH	
	— imposées au taux de 19 %	WP	
	— imputées sur les moins-values nettes à long terme antérieures	WW	
	— imputées sur les déficits antérieurs	XB	
Autres plus-values imposées au taux de 19 %		I6	
Fraction des plus-values nettes à court terme de l'exercice dont l'imposition est différée*		WZ	
Régime des sociétés mères et des filiales * Produit net des actions et parts d'intérêts :	(Quote-part de frais et charges restant imposable à déduire des produits nets de participation 2A ______)	XA	
Mesures d'incitation — Déduction autorisée au titre des investissements réalisés dans les collectivités d'Outre-mer*.		ZY	
Majoration d'amortissement*		XD	
Abattement sur le bénéfice et exonérations*	Entreprises nouvelles - (Reprise d'entreprises en difficultés 44 *septies*) K9 ______ ; Entreprises nouvelles 44 *sexies* L2 ______ ; Jeunes entreprises innovantes (art. 44 *sexies* A) L5 ______ ; Pôle de compétitivité (art. 44 *undecies*) L6 ______ ; Société investissements immobilier cotées (art. 208C) K3 ______ ; Zone franche Corse (art. 44 *decies*) ØT ______ ; Zone franche urbaine (art. 44 *octies* et *octies* A) ØV ______ ; Bassin d'emploi à redynamiser (art. 44 *duodecies*) 1F ______ ; Zone franche d'activité (art. 44 *quaterdecies*) XC ______	XF	
Écarts de valeurs liquidatives sur OPCVM* (entreprises à l'IS)		XS	
Déductions diverses à détailler sur feuillet séparé	Déficits filiales et succursales étrangères article 209C ØT ______ ; Créance dégagée par le report en arrière de déficit ZI ______	XG	
TOTAL II		XH	

III. RÉSULTAT FISCAL

Libellé		Code	Montant	Code	Montant
Résultat fiscal avant imputation des déficits reportables :	bénéfice (I moins II)	XI			
	déficit (II moins I)			XJ	
Déficit de l'exercice reporté en arrière (entreprises à l'IS)*		ZL			
Déficits antérieurs imputés sur les résultats de l'exercice (entreprises à l'IS)*				XL	
RÉSULTAT FISCAL	BÉNÉFICE (ligne XN) ou DÉFICIT reportable en avant (ligne XO)	XN		XO	

* Des explications concernant cette rubrique sont données dans la notice n° 2032.

N° 2058A - IMPRIMERIE NATIONALE Février 2013 – 126 505

cerfa N° 10952 * 15 (10)

Formulaire obligatoire (article 53 A du Code général des impôts)

DÉFICITS, INDEMNITÉS POUR CONGÉS À PAYER ET PROVISIONS NON DÉDUCTIBLES

DGFiP N° 2058-B 2013

1er EXEMPLAIRE DESTINÉ À L'ADMINISTRATION

Désignation de l'entreprise ______ Néant ☐*

I. SUIVI DES DÉFICITS

Déficits restant à reporter au titre de l'exercice précédent (1)	K4	
Déficits imputés (total lignes XB et XL du tableau 2058-A)	K5	
Déficits reportables (différence K4-K5)	K6	
Déficit de l'exercice (tableau 2058A, ligne XO)	YJ	
Total des déficits restant à reporter (somme K6+YJ)	YK	

II. INDEMNITÉS POUR CONGÉS À PAYER, CHARGES SOCIALES ET FISCALES CORRESPONDANTES

Montant déductible correspondant aux droits acquis par les salariés pour les entreprises placées sous le régime de l'article 39-1. 1° *bis* Al. 1er du CGI, dotations de l'exercice	ZT	

III. PROVISIONS ET CHARGES À PAYER, NON DÉDUCTIBLES POUR L'ASSIETTE DE L'IMPÔT

(à détailler sur feuillet séparé)		Dotations de l'exercice		Reprises sur l'exercice
Indemnités pour congés à payer, charges sociales et fiscales correspondantes non déductibles pour les entreprises placées sous le régime de l'article 39-1. 1° *bis* Al. 2 du CGI *	ZV		ZW	
Provisions pour risques et charges *				
	8X		8Y	
	8Z		9A	
	9B		9C	
Provisions pour dépréciation *				
	9D		9E	
	9F		9G	
	9H		9J	
Charges à payer				
	9K		9L	
	9M		9N	
	9P		9R	
	9S		9T	
TOTAUX (YN = ZV à 9S) et (YO = ZW à 9T) à reporter au tableau 2058-A :	YN	↓ ligne WI	YO	↓ ligne WU

Février 2013 – 126 506

CONSÉQUENCES DE LA MÉTHODE PAR COMPOSANTS (art.237 *septies* du CGI)

	Montant au début de l'exercice		Imputations	Montant net à la fin de l'exercice
Montant de la réintégration ou de la déduction	L1			

CRÉDITS D'IMPÔTS

Crédit d'impôt en faveur de la recherche	JQ		Crédit d'impôt en faveur de la formation des dirigeants	JR		Crédit d'impôt famille	JS	
Réduction d'impôt en faveur du mécénat	JT		Crédit d'impôt investissement en Corse	JU		Crédit d'impôt en faveur de l'apprentissage	JV	
Crédit d'impôt afférent aux valeurs mobilières (BIC)	JW		Autres imputations	JX				

ENTREPRISES DE TRANSPORT INSCRITES AU REGISTRE DES TRANSPORTS art. L3113-1 du Code des Transports (case à cocher)	XU	☐

N° 2058-B – IMPRIMERIE NATIONALE

* Des explications concernant cette rubrique sont données dans la notice n° 2032.
(1) Cette case correspond au montant porté sur la ligne YK du tableau 2058B déposé au titre de l'exercice précédent.

cerfa N° 10953 * 15

Formulaire obligatoire (article 53 A du Code général des impôts)

(11)

TABLEAU D'AFFECTATION DU RÉSULTAT ET RENSEIGNEMENTS DIVERS

DGFiP N° 2058-C 2013

1er EXEMPLAIRE DESTINÉ À L'ADMINISTRATION

Désignation de l'entreprise ______ Néant ☐ *

ORIGINES	Report à nouveau figurant au bilan de l'exercice antérieur à celui pour lequel la déclaration est établie	ØC		AFFECTATIONS	Affectations aux réserves – Réserves légales	ZB	
	Résultat de l'exercice précédant celui pour lequel la déclaration est établie	ØD			Affectations aux réserves – Autres réserves	ZD	
	Prélèvements sur les réserves (à détailler) ______				Dividendes	ZE	
					Autres répartitions	ZF	
	Sous-total (à reporter dans la colonne de droite)	ØE			Report à nouveau	ZG	
	TOTAL I	ØF			(NB : le total I doit nécessairement être égal au total II) TOTAL II	ZH	

DISTRIBUTIONS (Article 235 *ter* ZCA)		
Montant total des sommes distribuées devant donner lieu au paiement de la contribution prévue à l'article 235 *ter* ZCA au titre de l'exercice	XV	

RENSEIGNEMENTS DIVERS				Exercice N :	Exercice N – 1 :
ENGAGEMENTS	– Engagements de crédit-bail mobilier (précisez le prix de revient des biens pris en crédit-bail	J7	) YQ		
	– Engagements de crédit-bail immobilier		YR		
	– Effets portés à l'escompte et non échus		YS		
DÉTAILS DES POSTES – AUTRES ACHATS ET CHARGES EXTERNES	– Sous-traitance		YT		
	– Locations, charges locatives et de copropriété (dont montant des loyers des biens pris en location pour une durée > 6 mois	J8	) XQ		
	– Personnel extérieur à l'entreprise		YU		
	– Rémunérations d'intermédiaires et honoraires (hors rétrocessions)		SS		
	– Rétrocessions d'honoraires, commissions et courtages		YV		
	– Autres comptes (dont cotisations versées aux organisations syndicales et professionnelles	ES	) ST		
	Total du poste correspondant à la ligne FW du tableau n° 2052		ZJ		
IMPÔTS ET TAXES	– Taxe professionnelle*, CFE, CVAE		YW		
	– Autres impôts, taxes et versements assimilés (dont taxe intérieure sur les produits pétroliers	ZS	) 9Z		
	Total du compte correspondant à la ligne FX du tableau n° 2052		YX		
T.V.A.	– Montant de la T.V.A. collectée		YY		
	– Montant de la T.V.A. déductible comptabilisée au cours de l'exercice au titre des biens et services ne constituant pas des immobilisations		YZ		
DIVERS	– Montant brut des salaires (cf. dernière déclaration annuelle souscrite au titre des salaires DADS1 ou modèle 2460 de 2012)*		ØB		
	– Montant de la plus-value constatée en franchise d'impôt lors de la première option pour le régime simplifié d'imposition *		ØS		
	– Effectif moyen du personnel * (dont : apprentis :	handicapés) :	YP		
	– Effectif affecté à l'activité artisanale		RL		
	– Taux d'intérêt le plus élevé servi aux associés à raison des sommes mises à la disposition de la société *		ZK	%	%
	– Numéro de centre de gestion agréé *	XP		– Filiales et participations : (Liste au 2059-G prévu par art. 38 II de l'ann. III au CGI) Si oui cocher 1 Sinon 0	ZR

RÉGIME DE GROUPE *	Société : résultat comme si elle n'avait jamais été membre du groupe.	JA		Plus-values à 15 %	JK		Plus-values à 0 %	JL
				Plus-values à 19 %	JM		Imputations	JC
	Groupe : résultat d'ensemble.	JD		Plus-values à 15 %	JN		Plus-values à 0 %	JO
				Plus-values à 19 %	JP		Imputations	JF
	Selon le cas, indiquer 1 si bénéfice consolidé, 2 si bénéfice intégré, 3 si régime de groupe.	JG		Indiquer 1 pour société mère, 2 pour filiale	JH		N° SIRET de la société mère	JJ

(1) Ce cadre est destiné à faire apparaître l'origine et le montant des sommes distribuées ou mises en réserve au cours de l'exercice dont les résultats font l'objet de la déclaration. Il ne concerne donc pas, en principe, les résultats de cet exercice mais ceux des exercices antérieurs, qu'ils aient ou non déjà fait l'objet d'une précédente affectation.

* Des explications concernant cette rubrique sont données dans la notice n° 2032 (et dans la notice n° 2058-NOT pour le régime de groupe).

N° 2058-C - IMPRIMERIE NATIONALE Février 2013 – 126 507

cerfa N° 10179 ✱ 17 ⑫

Formulaire obligatoire (article 53 A du code général des impôts).

DÉTERMINATION DES PLUS ET MOINS-VALUES

DGFiP N° 2059-A 2013

Désignation de l'entreprise : ______ Néant ☐ *

A - DÉTERMINATION DE LA VALEUR RÉSIDUELLE

	Nature et date d'acquisition des éléments cédés* ①	Valeur d'origine* ②	Valeur nette réévaluée* ③	Amortissements pratiqués en franchise d'impôt ④	Autres amortissements* ⑤	Valeur résiduelle ⑥
I - Immobilisations* 1						
2						
3						
4						
5						
6						
7						
8						
9						
10						
11						
12						

B - PLUS-VALUES, MOINS-VALUES

Qualification fiscale des plus et moins-values réalisées *

	Prix de vente ⑦	Montant global de la plus-value ou de la moins-value ⑧	Court terme ⑨	Long terme ⑩ 19 %	Long terme ⑩ 15 % ou 16 %	Long terme ⑩ 0 %	Plus-value taxables à 19 % (1) ⑪
I - Immobilisations* 1							
2							
3							
4							
5							
6							
7							
8							
9							
10							
11							
12							
II - Autres éléments 13	Fraction résiduelle de la provision spéciale de réévaluation afférente aux éléments cédés		+				
14	Amortissements irrégulièrement différés se rapportant aux éléments cédés		+				
15	Amortissements afférents aux éléments cédés mais exclus des charges déductibles par une disposition légale		+				
16	Amortissements non pratiqués en comptabilité et correspondant à la déduction fiscale pour investissement, définie par les lois de 1966, 1968 et 1975, effectivement utilisée		+				
17	Résultats nets de concession ou de sous concession de licences d'exploitation de brevets faisant partie de l'actif immobilisé et n'ayant pas été acquis à titre onéreux depuis moins de deux ans						
18	Provisions pour dépréciation des titres relevant du régime des plus ou moins-values à long terme devenues sans objet au cours de l'exercice						
19	Dotations de l'exercice aux comptes de provisions pour dépréciation des titres relevant du régime des plus ou moins-values à long terme						
20	Divers (détail à donner sur une note annexe)*						
	CADRE A : plus ou moins-value nette à court terme (total algébrique des lignes 1 à 20 de la colonne) ⑨						
	CADRE B : plus ou moins-value nette à long terme (total algébrique des lignes 1 à 20 de la colonne) ⑩		(A)		(B) (Ventilation par taux)		(C)
	CADRE C : autres plus-values taxable à 19 % ⑪						

* Des explications concernant cette rubrique sont données dans la notice n° 2032.

(1) Ces plus-values sont imposables au taux de 19 % en application des articles 238 *bis* JA, 208 C et 210 E du CGI.

cerfa N° 10954 * 15

Formulaire obligatoire (article 53 A du Code général des impôts)

(13)

AFFECTATION DES PLUS-VALUES À COURT TERME ET DES PLUS-VALUES DE FUSION OU D'APPORT

DGFiP N° 2059-B 2013

EXEMPLAIRE DESTINÉ À L'ADMINISTRATION

Désignation de l'entreprise : ______ Néant ☐*

A ÉLÉMENTS ASSUJETTIS AU RÉGIME FISCAL DES PLUS-VALUES À COURT TERME

(à l'exclusion des plus-values de fusion dont l'imposition est prise en charge par les sociétés absorbantes) (cf. cadre B)

Origine	Imposition répartie		Montant net des plus-values réalisées*	Montant antérieurement réintégré	Montant compris dans le résultat de l'exercice	Montant restant à réintégrer
Plus-values réalisées au cours de l'exercice	sur 3 ans (entreprises à l'IR)					
	sur 10 ans					
	sur une durée différente (art. 39 *quaterdecies* 1 *ter* et 1 *quater* CGI)					
	TOTAL 1					
	Imposition répartie		**Montant net des plus-values réalisées à l'origine**	**Montant antérieurement réintégré**	**Montant rapporté au résultat de l'exercice**	**Montant restant à réintégrer**
Plus-values réalisées au cours des exercices antérieurs	sur 3 ans au titre de	N-1				
		N-2				
	Sur 10 ans ou sur une durée différente (art. 39 *quaterdecies* 1 *ter* et 1 *quater* du CGI) (à préciser) au titre de :	N-1				
		N-2				
		N-3				
		N-4				
		N-5				
		N-6				
		N-7				
		N-8				
		N-9				
	TOTAL 2					

B PLUS-VALUES RÉINTÉGRÉES DANS LES RÉSULTATS DES SOCIÉTÉS BÉNÉFICIAIRES DES APPORTS

Cette rubrique ne comprend pas les plus-values afférentes aux biens non amortissables ou taxées lors des opérations de fusion ou d'apport.

☐ Plus-values de fusion, d'apport partiel ou de scission (personnes morales soumises à l'impôt sur les sociétés seulement)

☐ Plus-values d'apport à une société d'une activité professionnelle exercée à titre individuel (toutes sociétés)

Origine des plus-values et date des fusions ou des apports	Montant net des plus-values réalisées à l'origine	Montant antérieurement réintégré	Montant rapporté au résultat de l'exercice	Montant restant à réintégrer
TOTAL				

* Des explications concernant cette rubrique sont données dans la notice n° 2032

N° 2059B - IMPRIMERIE NATIONALE Février 2013 – 126 482

cerfa N° 10955 * 15

Formulaire obligatoire (article 53 A du Code général des impôts).

⑭

SUIVI DES MOINS-VALUES À LONG TERME

DGFiP N° 2059-C 2013

Désignation de l'entreprise : ______________________________ Néant ☐*

❶ Entreprises soumises à l'impôt sur les sociétés
❷ Entreprises soumises à l'impôt sur le revenu

Rappel de la plus ou moins-value de l'exercice relevant du taux de 15% ❶ ou 16 % ❷.	
Gains nets retirés de la cession de titre de sociétés à prépondérance immobilières non cotées exclus du régime du long terme (art. 219 I a *sexies*-0 bis du CGI) ❶*.	
Gains nets retirés de la cession de certains titres dont le prix de revient est supérieur à 22,8 M€ (art. 219 I a *sexies*-0 du CGI) ❶*.	

I - SUIVI DES MOINS-VALUES DES ENTREPRISES SOUMISES À L'IMPÔT SUR LE REVENU

Origine ①		Moins-values à 16 % ②	Imputations sur les plus-values à long terme de l'exercice imposables à 16 % ③	Solde des moins-values à 16 % ④
Moins-values nettes	N			
Moins-values nettes à long terme subies au cours des dix exercices antérieurs (montants restant à déduire à la clôture du dernier exercice)	N – 1			
	N – 2			
	N – 3			
	N – 4			
	N – 5			
	N – 6			
	N – 7			
	N – 8			
	N – 9			
	N – 10			

II - SUIVI DES MOINS-VALUES À LONG TERME DES ENTREPRISES SOUMISES À L'IMPÔT SUR LES SOCIÉTÉS*

Origine		Moins-values			Imputations sur les plus-values à long terme	Imputations sur le résultat de l'exercice	Solde des moins-values à reporter col. ⑦ = ②+③+④-⑤-⑥
①		À 19 %, 16,5% (1) ou à 15 % ②	À 19 % ou 15 % imputables sur le résultat de l'exercice (article 219 I a *sexies*-0 du CGI) ③	À 19 % ou 15 % imputables sur le résultat de l'exercice (article 219 I a *sexies*-0 *bis* du CGI) ④	À 15 % Ou À 16,5 % (1) ⑤	⑥	⑦
Moins-values nettes	N						
Moins-values nettes à long terme subies au cours des dix exercices antérieurs (montants restant à déduire à la clôture du dernier exercice)	N – 1						
	N – 2						
	N – 3						
	N – 4						
	N – 5						
	N – 6						
	N – 7						
	N – 8						
	N – 9						
	N – 10						

(1) Les plus-values et les moins-values à long terme afférentes aux titres de SPI cotées imposables à l'impôt sur les sociétés relèvent du taux de 16,5% (article 219 I a du CGI), pour les exercices ouverts à compter du 31 décembre 2007.

* Des explications concernant cette rubrique sont données dans la notice n° 2032

cerfa N° 10182 * 18 (15)

formulaire obligatoire (article 53A du Code général des Impôts)

RÉSERVE SPÉCIALE DES PLUS-VALUES À LONG TERME
RÉSERVE SPÉCIALE DES PROVISIONS POUR FLUCTUATION DES COURS

DGFiP N° 2059-D 2013

(personnes morales soumises à l'impôt sur les sociétés seulement)*

Désignation de l'entreprise : Néant ☐ *

I SITUATION DU COMPTE AFFECTÉ À L'ENREGISTREMENT DE LA RÉSERVE SPÉCIALE POUR L'EXERCICE N

		Sous-comptes de la réserve spéciale des plus-values à long terme				
		taxées à 10 %	taxées à 15 %	taxées à 18 %	taxées à 19 %	taxées à 25 %
Montant de la réserve spéciale à la clôture de l'exercice précédent (N – 1)	1					
Réserves figurant au bilan des sociétés absorbées au cours de l'exercice	2					
TOTAL (lignes 1 et 2)	3					
Prélèvements opérés - donnant lieu à complément d'impôt sur les sociétés	4					
Prélèvements opérés - ne donnant pas lieu à complément d'impôt sur les sociétés	5					
TOTAL (lignes 4 et 5)	6					
Montant de la réserve spéciale à la clôture de l'exercice (ligne 3 – ligne 6)	7					

II RÉSERVE SPÉCIALE DES PROVISIONS POUR FLUCTUATION DES COURS* (5°, 6°, 7° alinéas de l'art. 39-1-5° du CGI)

montant de la réserve à l'ouverture de l'exercice ①	réserve figurant au bilan des sociétés absorbées au cours de l'année ②	montants prélevés sur la réserve donnant lieu à complément d'impôt ③	montants prélevés sur la réserve ne donnant pas lieu à complément d'impôt ④	montant de la réserve à la clôture de l'exercice ⑤

* Des explications concernant cette rubrique sont données dans la notice n° 2032.

cerfa N° 11484 * 14

Formulaire obligatoire (article 53 A du code général des impôts).

(16)

DÉTERMINATION DE LA VALEUR AJOUTÉE PRODUITE AU COURS DE L'EXERCICE

DGFiP N° 2059-E 2013

Désignation de l'entreprise : ____ Néant ☐*

Exercice ouvert le : .... et clos le : .... Durée en nombre de mois ☐☐

I - Production de l'entreprise		
Ventes de marchandises	OA	
Production vendue - Biens	OB	
Production vendue - Services	OC	
Production stockée	OD	
Production immobilisée à hauteur des seules charges déductibles ayant concouru à sa formation	OE	
Subventions d'exploitation reçues et abandons de créances à caractère financier (en partie)	OF	
Autres produits de gestion courante hors quote-parts de résultat sur opérations faites en commun	OH	
Transferts de charges refacturées et transferts de charges déductibles de la valeur ajoutée	OI	
Redevances pour concessions, brevets, licences et assimilés	OK	
Plus-values de cession d'éléments d'immobilisations corporelles et incorporelles, si rattachées à une activité normale et courante	OL	
Rentrées sur créances amorties lorsqu'elles se rapportent au résultat d'exploitation	XT	
TOTAL 1	OM	
II - Consommation de biens et services en provenance de tiers (1)		
Achats de marchandises (droits de douane compris)	ON	
Variation de stocks (marchandises)	OO	
Achats de matières premières et autres approvisionnements (droits de douane compris)	OP	
Variation de stocks (matières premières et approvisionnements)	OQ	
Autres achats et charges externes, à l'exception des loyers et redevances	OR	
Loyers et redevances, à l'exception de ceux afférents à des immobilisations corporelles mises à disposition dans le cadre d'une convention de location-gérance ou de crédit-bail ou encore d'une convention de location de plus de 6 mois	OS	
Charges déductibles de la valeur ajoutée afférente à la production immobilisée déclarée	OU	
Autres charges de gestion courante hors quote-parts de résultat sur opérations faites en commun	OW	
Abandons de créances à caractère financier (en partie)	OX	
Moins-values de cession d'éléments d'immobilisation corporelles et incorporelles, si attachées à une activité normale et courante	OY	
Taxes sur le C.A. autre que la TVA, contributions indirectes (droits sur les alcools et les tabacs…), T.I. P.P.	OZ	
Fraction des dotations aux amortissements afférents à des immobilisations corporelles mises à disposition dans le cadre d'une convention de location-gérance ou de crédit-bail ou encore d'une convention de location de plus de 6 mois	O9	
TOTAL 2	OJ	
III - Valeur ajoutée produite		
Calcul de la Valeur Ajoutée — TOTAL 1 - TOTAL 2	OG	
Valeur ajoutée assujettie à la CVAE (à reporter sur le 1329 et la 1330-CVAE)	SA	

Pour les entreprises de crédit, les entreprises de gestion d'instruments financiers, les entreprises d'assurance, de capitalisation et de réassurance de toute nature, cette fiche sera adaptée pour tenir compte des modalités particulières de détermination de la valeur ajoutée ressortant des plans comptables professionnels (extraits de ces rubriques à joindre).

(1) Attention, il ne doit pas être tenu compte dans les lignes ON à OS, OW et OZ des charges déductibles de la valeur ajoutée, afférente à la production immobilisée déclarée ligne OE, portées en ligne OU.

* Des explications concernant cette rubrique sont données dans la notice n° 2032.

1er EXEMPLAIRE DESTINÉ À L'ADMINISTRATION

N° 2059-E – IMPRIMERIE NATIONALE Février 2013 – 126 487

cerfa N° 11624 * 13 (17)
Formulaire obligatoire (art. 38 de l'ann. III au C.G.I.)

COMPOSITION DU CAPITAL SOCIAL

DGFiP N° 2059-F 2013

N° de dépôt

(liste des personnes ou groupements de personnes de droit ou de fait détenant directement au moins 10 % du capital de la société)

(1) Néant ☐ *

EXERCICE CLOS LE

N° SIRET

DÉNOMINATION DE L'ENTREPRISE

ADRESSE (voie)

CODE POSTAL VILLE

Nombre total d'associés ou actionnaires personnes morales de l'entreprise	P1		Nombre total de parts ou d'actions correspondantes	P3	
Nombre total d'associés ou actionnaires personnes physiques de l'entreprise	P2		Nombre total de parts ou d'actions correspondantes	P4	

I - CAPITAL DÉTENU PAR LES PERSONNES MORALES :

Forme juridique Dénomination
N° SIREN (si société établie en France) % de détention Nb de parts ou actions
Adresse : N° Voie
Code Postal Commune Pays

Forme juridique Dénomination
N° SIREN (si société établie en France) % de détention Nb de parts ou actions
Adresse : N° Voie
Code Postal Commune Pays

Forme juridique Dénomination
N° SIREN (si société établie en France) % de détention Nb de parts ou actions
Adresse : N° Voie
Code Postal Commune Pays

Forme juridique Dénomination
N° SIREN (si société établie en France) % de détention Nb de parts ou actions
Adresse : N° Voie
Code Postal Commune Pays

II - CAPITAL DÉTENU PAR LES PERSONNES PHYSIQUES :

Titre **(2)** Nom patronymique Prénom(s)
Nom marital % de détention Nb de parts ou actions
Naissance : Date N° Département Commune Pays
Adresse : N° Voie
Code Postal Commune Pays

Titre **(2)** Nom patronymique Prénom(s)
Nom marital % de détention Nb de parts ou actions
Naissance : Date N° Département Commune Pays
Adresse : N° Voie
Code Postal Commune Pays

(1) Lorsque le nombre d'associés excède le nombre de lignes de l'imprimé, utiliser un ou plusieurs tableaux supplémentaires. Dans ce cas, il convient de numéroter chaque tableau en haut et à gauche de la case prévue à cet effet et de porter le nombre total de tableaux souscrits en bas à droite de cette même case.
(2) Indiquer : M pour Monsieur, MME pour Madame ou MLE pour Mademoiselle.
* Des explications concernant cette rubrique sont données dans la notice n° 2032.

1er EXEMPLAIRE DESTINÉ À L'ADMINISTRATION

N° 2059-F – IMPRIMERIE NATIONALE Février 2013 – 126 488

cerfa N° 11625 * 13 (18)

Formulaire obligatoire (art. 38 de l'ann. III au C.G.I.)

FILIALES ET PARTICIPATIONS

DGFiP N° 2059-G 2013

N° de dépôt

(liste des personnes ou groupements de personnes de droit ou de fait dont la société détient directement au moins 10 % du capital)

(1) Néant □ *

1er EXEMPLAIRE DESTINÉ À L'ADMINISTRATION

EXERCICE CLOS LE

N° SIRET

DÉNOMINATION DE L'ENTREPRISE

ADRESSE (voie)

CODE POSTAL VILLE

NOMBRE TOTAL DE FILIALES DÉTENUES PAR L'ENTREPRISE	P5	

Forme juridique		Dénomination			
N° SIREN (si société établie en France)				% de détention	
Adresse : N°		Voie			
Code Postal		Commune		Pays	
Forme juridique		Dénomination			
N° SIREN (si société établie en France)				% de détention	
Adresse : N°		Voie			
Code Postal		Commune		Pays	
Forme juridique		Dénomination			
N° SIREN (si société établie en France)				% de détention	
Adresse : N°		Voie			
Code Postal		Commune		Pays	
Forme juridique		Dénomination			
N° SIREN (si société établie en France)				% de détention	
Adresse : N°		Voie			
Code Postal		Commune		Pays	
Forme juridique		Dénomination			
N° SIREN (si société établie en France)				% de détention	
Adresse : N°		Voie			
Code Postal		Commune		Pays	
Forme juridique		Dénomination			
N° SIREN (si société établie en France)				% de détention	
Adresse : N°		Voie			
Code Postal		Commune		Pays	
Forme juridique		Dénomination			
N° SIREN (si société établie en France)				% de détention	
Adresse : N°		Voie			
Code Postal		Commune		Pays	
Forme juridique		Dénomination			
N° SIREN (si société établie en France)				% de détention	
Adresse : N°		Voie			
Code Postal		Commune		Pays	

N° 2059-G – IMPRIMERIE NATIONALE Février 2013 – 126 489

(1) Lorsque le nombre de filiales excède le nombre de lignes de l'imprimé, utiliser un ou plusieurs tableaux supplémentaires. Dans ce cas, il convient de numéroter chaque tableau en haut et à gauche de la case prévue à cet effet et de porter le nombre total de tableaux souscrits en bas à droite de cette même case.

* Des explications concernant cette rubrique sont données dans la notice 2032.

cerfa

11611*10

Formulaire obligatoire
Article 41-00 A annexe III du CGI

N° de dépôt

Liberté • Égalité • Fraternité
RÉPUBLIQUE FRANÇAISE
DIRECTION GÉNÉRALE DES FINANCES PUBLIQUES

2059-I-SD
(01-2014)

(1)

Néant ☐ *

OBLIGATION DÉCLARATIVE INCOMBANT A CERTAINS CONTRIBUABLES (2) RELEVANT DE LA DIRECTION DES GRANDES ENTREPRISES FILIALES ET PARTICIPATIONS

Internet - DGFiP

IDENTIFICATION DE LA SOCIÉTÉ DÉCLARANTE (2)

EXERCICE CLOS LE | | N° SIRET | |

DÉNOMINATION DE L'ENTREPRISE | |

ADRESSE (voie) | |

CODE POSTAL | | VILLE | |

IDENTIFICATION DES SOCIÉTÉS DETENUES INDIRECTEMENT A PLUS DE 50 % PAR LA SOCIETE DÉCLARANTE (2)

Forme juridique | | Dénomination | |
N° SIREN (si société établie en France) | | % de détention | , |
Adresse : N° | | Voie | |
Code Postal | | Commune | | Pays | |

Forme juridique | | Dénomination | |
N° SIREN (si société établie en France) | | % de détention | , |
Adresse : N° | | Voie | |
Code Postal | | Commune | | Pays | |

Forme juridique | | Dénomination | |
N° SIREN (si société établie en France) | | % de détention | , |
Adresse : N° | | Voie | |
Code Postal | | Commune | | Pays | |

Forme juridique | | Dénomination | |
N° SIREN (si société établie en France) | | % de détention | , |
Adresse : N° | | Voie | |
Code Postal | | Commune | | Pays | |

Forme juridique | | Dénomination | |
N° SIREN (si société établie en France) | | % de détention | , |
Adresse : N° | | Voie | |
Code Postal | | Commune | | Pays | |

Forme juridique | | Dénomination | |
N° SIREN (si société établie en France) | | % de détention | , |
Adresse : N° | | Voie | |
Code Postal | | Commune | | Pays | |

(1) Lorsque le nombre d'associés excède le nombre de lignes de l'imprimé, utiliser un ou plusieurs tableaux supplémentaires. Dans ce cas, il convient de numéroter chaque tableau en haut et à gauche de la case prévue à cet effet et de porter le nombre total de tableaux souscrits en bas à droite de cette même case.

2) Il s'agit des personnes physiques ou personnes morales ou groupements de droit ou de fait dont le chiffre d'affaires hors taxe ou le total de l'actif brut figurant au bilan est supérieur ou égal à 400 millions d'euros ;

MINISTÈRE DE L'ÉCONOMIE
ET DES FINANCES

* Si déposé néant, cocher la case.

cerfa

11610*10

Formulaire obligatoire
Article 41-00 A annexe III du CGI

N° de dépôt

Liberté • Égalité • Fraternité
RÉPUBLIQUE FRANÇAISE
DIRECTION GÉNÉRALE DES FINANCES PUBLIQUES

2059-H-SD
(01-2014)
@internet-DGFiP

(1)

Néant ☐ *

OBLIGATION DÉCLARATIVE INCOMBANT A CERTAINS CONTRIBUABLES (2)
RELEVANT DE LA DIRECTION DES GRANDES ENTREPRISES
COMPOSITION DU CAPITAL

IDENTIFICATION DE LA SOCIÉTÉ DÉCLARANTE (2)			
EXERCICE CLOS LE		N° SIRET	
DÉNOMINATION DE L'ENTREPRISE			
ADRESSE (voie)			
CODE POSTAL		VILLE	

IDENTIFICATION DES SOCIÉTÉS DETENANT INDIRECTEMENT PLUS DE 50 % DE LA SOCIETE DÉCLARANTE (2)					
Forme juridique		Dénomination			
N° SIREN (si société établie en France)				% de détention	,
Adresse : N°		Voie			
Code Postal		Commune		Pays	
Forme juridique		Dénomination			
N° SIREN (si société établie en France)				% de détention	,
Adresse : N°		Voie			
Code Postal		Commune		Pays	
Forme juridique		Dénomination			
N° SIREN (si société établie en France)				% de détention	,
Adresse : N°		Voie			
Code Postal		Commune		Pays	
Forme juridique		Dénomination			
N° SIREN (si société établie en France)				% de détention	,
Adresse : N°		Voie			
Code Postal		Commune		Pays	
Forme juridique		Dénomination			
N° SIREN (si société établie en France)				% de détention	,
Adresse : N°		Voie			
Code Postal		Commune		Pays	
Forme juridique		Dénomination			
N° SIREN (si société établie en France)				% de détention	,
Adresse : N°		Voie			
Code Postal		Commune		Pays	

(1) Lorsque le nombre d'associés excède le nombre de lignes de l'imprimé, utiliser un ou plusieurs tableaux supplémentaires. Dans ce cas, il convient de numéroter chaque tableau en haut et à gauche de la case prévue à cet effet et de porter le nombre total de tableaux souscrits en bas à droite de cette même case.

2) Il s'agit des personnes physiques ou personnes morales ou groupements de droit ou de fait dont le chiffre d'affaires hors taxe ou le total de l'actif brut figurant au bilan est supérieur ou égal à 400 millions d'euros ;

* Si déposé néant, cocher la case.

MINISTÈRE DE L'ÉCONOMIE
ET DES FINANCES

Bibliographie

ANTOINE J., GUIAUX J.,*Comptabilité*, De Boeck, 9e édition, 2014

BOUQUIN H.,*Comptabilité de gestion*, Economica, 6e édition, 2011

CERRADA K., DE RONGE Y., DE WOLF M., GATZ M., *Comptabilité et analyse des états financiers*, De Boeck, 4e édition, 2014

COLASSE B., *Introduction à la comptabilité*, Economica, 12e édition, 2013

DE RONGE Y., *Comptabilité de gestion*, De Boeck, 3e édition, 2013

DEGOS J.-G., OUVRARD S., *Premier pas en comptabilité*, Ellipses, 2e édition, 2014

DISLE C., MAESO R., MEAU M., *Introduction à la comptabilité*, Dunod, 6e edition, 2014

ENSELME G., *Introduction à la comptabilité*, LexisNexis, 15e édition, 2014

GUIAUX J., *e-Compta*, De Boeck, 2012

LEHMANN P.-J., *Manuel de comptabilité générale*, Ellipses, 2010

LEHMANN P.-J., *Fiches et exercices de comptabilité générale*, Ellipses, 2011

PLOT-VICARD E., VIDAL O., *Comptabilité de gestion*, Vuibert, 2014

SALVA M., *Initiation à la logique comptable*, Vuibert, 9e édition, 2013

Aubin
IMPRIMEUR

Achevé d'imprimer en février 2015
N° d'impression 1502.0191
Dépôt légal, mars 2015
Imprimé en France